高札《こうさつ》ものがたり

杉原利治

表紙の浮世絵は、歌川芳虎「東京日本橋風景」（明治 3 年） 東京国立国会図書館
デジタルコレクションから転載しました。

目　次

はじめに

時代劇でおなじみの高札だが、その前に立つと、おどろおどろしい感覚と何やら妙に懐かしい気持ちとが同時にわいてくる。それは、密告の奨励に代表される支配の道具でありながら、先人達の暮らしをじっと見守っていたに違いない高札に対してもっている、日本人のアンビバレンツな心情なのかもしれない。

私が最初に高札を手にしたのは、もう、20年以上前である。何が書かれているのかも分からなかったが、歴史のエッセンスが詰まった物を手にしているという実感はあった。高札が市場に出るのは偶然に近いので、高札を系統的に入手することはできない。その後、偶然の機会を拾いながら、気がついてみると、15枚をこえる高札が、私の手許に集まっていた。

しばらくして、垂井町の「おもてなし処 たるい庵」に於いて、蒐集した高札を多数の方々に見ていただくべく、展示会を行う機会を得た（『故玩館コレクション~江戸・明治の高札展』平成29年10月15日~11月12日、たるい庵）。漫然と集めてきたこれらの高札を一同に並べ、あらためて見直してみると、当時の人々の生活の様相を窺い知ることができ、私にとって意義深い展示会であった。

その後、垂井町では、かつて中山道垂井宿の中心地に存在した高札場を復元しようという気運が高まり「垂井宿の歴史と文化を守る会」が中心となり、多くの人々の熱意と努力により、令和元年9月、ついに、見事な高札場がよみがえった。

本冊子は、先の高札展示会の品を中心に、高札についてまとめたものである。高札については、いまだ成書は編まれておらず、研究も十分にはなされているとは言えない。本冊子が、人々の高札に対する関心をさらに深め、高札研究にいささかでも貢献できれば幸いである。

ミュージアム故玩館々主　　杉原利治

一 高札の概要

■高札の歴史

高札とは、法令・禁令などを人々に周知徹底させるために墨書した木板である。宿場、街道の分岐点、関所など、人目につきやすい場所に掲示され、人々に法令、そして、支配者の意向を伝えた。

高札（古くは、制札）は、奈良時代末期からすでにあったと言われている。室町時代、戦国時代をへて、次第に国中に広がり、江戸時代に高札制度の完成をみた。

徳川幕府は、高札を法令公布の主要な方法と位置づけ、全国津津浦々にまで行き渡らせて、人々に法令遵守を迫った。高札はまた、徳川幕府の権威を象徴するものでもあった（文1、2）。

やがて、徳川幕府は倒れ、王政復古の新体制ができたが、新政府は、これまでの高札制度をそのまま利用して、民衆への法令公布を行った。なおかつ、新しく発給された高札も、その内容のほとんどは、徳川治世を踏襲したものであった。しかし、諸外国の反発や印刷技術の発達などにより、明治政府にかわってから、わずか6年で長い歴史をもつ高札制度は終わりを迎え、高札もその使命を終えた。

■高札場

各種の高札が出されるようになると、高札は、高札場にまとめて掲示されるようになった。高札場は、往来の激しい道筋や人々が集まりやすい場所に、一段高く設置された。宿場には、必ず、高札場が設けられた。各村にも高札場が設置された。幕府の中心地江戸には、42カ所もの高札場があったという。

高札場の大きさは、その重要度によって様々である。街道の起点や主要地には、大きく立派な高札場（大高札場）が、地方の小村にはささやかな高札場が作られた。大高札場の中には、10枚以上の高札を掲げた物もある。

岩国藩柳井奉行所横には、大きな高札場があり、その守護役が決められていた。御高札守護役大野家には、関係文書が数多く残されている（文3）。その中には、高札場普請の概要が記されているものがある。それによると、主柱5本（太さ5寸角、長さ壱丈壱尺を立て（壱尺七寸五分ほど埋めて）、貫（巾3寸）を間隔二尺壱寸で3本渡し、上部に三尺壱寸五分の屋根をつける。両端の主柱の間隔は、弐丈三尺弐寸五分。寸法通りに作れば、できあがりは、高さ3m、横幅7mほどの巨大な高札場となる。そこへ、16枚の高札を3段に掲示したといわれている。

幕府は、高札と高札場の管理責任を藩に命じ、藩は日常の管理を各村に負わせた。維持管理の経費や手間等、村には相当の負担であった。

大きな高札場には、前述のような高札守護役が定められていたらしいが、詳しい事はわかっていない（五 よみがえった高札場で詳述）。

文字の読めない人々に読み聞かせるのは名主など村三役の仕事であった。また、高札の文面や各種御触書の記録を残すのも、彼らの任務であった。

■物としての高札

中世の制札は、やや縦長の五角形（駒形）であったが、その後、法令の文面が長くなるに従い、横長の五角形（駒形）や長方形（四角）の高札が一般的となった。

大きさは、縦40～50㎝、横50～260㎝、厚さ2～6㎝ほどである。

材料には、檜、梅、松などの丈夫な板が使われ、高札の上部には屋根がつけられるのが一般的であった（文1）。

裏面には、裏木で補強がなされた。高札板に溝を彫り、細木を差し込んで補強がなされたのだ。鳩尾状に切り込

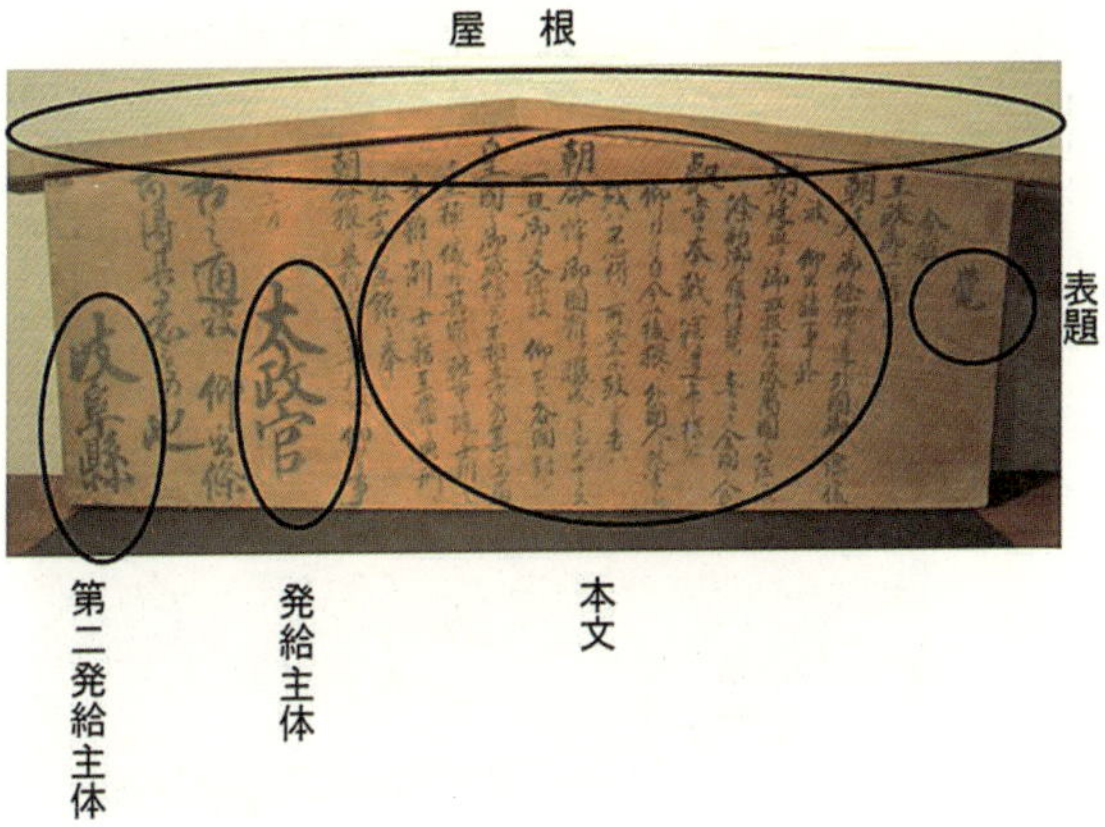

んだ溝に、凸形の木を差し込む方法、いわゆる「蟻仕口」といわれる方法（文2）が一般的である。さらに、きっちりと木を埋め込んで象嵌をした品が稀にある。その一方、釘で裏木を打ち付けただけの簡素な物もある。

高札は、長年、屋外で風雨にさらされ、反りや割れが生じる。裏木が板の反りや割れを防ぐので、高札の寿命が長くなるのである。一方、裏木で補強されていない高札も少なくない。

■屋根と浮き文字

駒形の高札の多くには、上部に屋根がつけられた。この形が日本の民家を想像させ、高札の威圧感を薄めさせたのかもしれない。

屋根は、単なる装飾ではなく、風雨を防ぐ役目を担っていた。高札場には、それ自体に屋根が備っているが、高札にも屋根をつけて、二重に風雨をしのいだのである。

高札表面をよく観察すると、屋根の効果により、上部の方が下部より痛みが少ないことがわかる。文字が薄くなっている場合でも、上部の文字は比較的残っているので読み

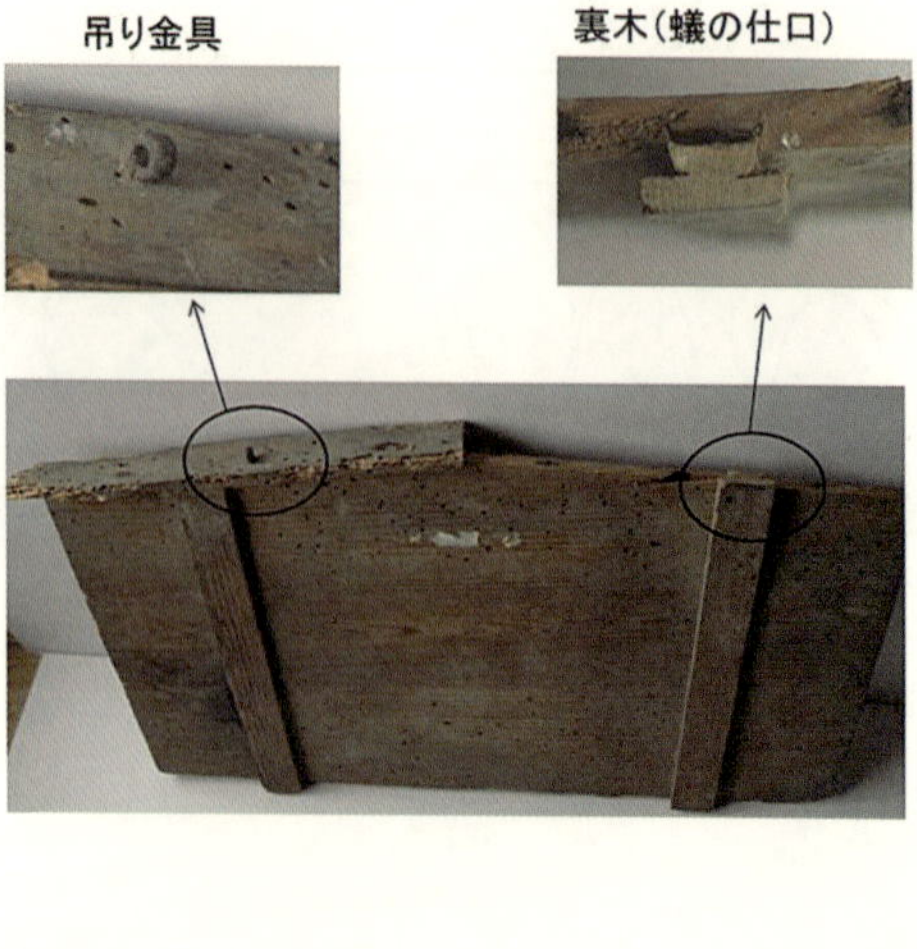

やすい。

また、墨は腐食防止作用をもつと言われている。特に、木部表面の風化を防ぐ力が大きい。その結果、長年屋外に掲示された高札は、痛みが激しく、文字は薄くなるけれども、墨書された部分が浮き彫りのようになって、文章が版木のように残る。この場合も、上部の文字の方が、下部より鮮明である。

■高札の掲示法

高札場には、複数の高札が掲示された。その中でも、正徳大高札のような主要高札は、人目に付きやすいように、高札場の上部に、その他の高札は下部に掲示された。

多数の高札がどのように、取り付けられたかは、はっきりしない。高札には、上端に吊り金具がついている物がある。したがって、この金具が使われた事は間違いない。しかし、高札には相当重い物も多い。強い風にあおられたら、金具だけでは堪えられないだろう。それに、高札の半分以上は、吊り金具がついていない。実際には、長い年月、安定して掲示しつづけるために、高札板全体を押さえる機構が必要だ。おそらく、高札場に設営された溝に高札を挟み込んで固定し、金具は補助的に使われたと考えられる。

■触書文の体裁、形式

高札の文面は、一定の様式に従って書かれている。まずはじめに、「定」、「覚」、「写」、「掟」などの表題で、法令全体の規定をする。「定」は恒久法、「覚」は一時的な決まりである。このような規定が無いものもある。

次に、主文が来る。内容が多く、文面が長くなる場合、横長の大型高札になる。火付け札（資料1）、五榜の掲示第四札（高札No.11）、五榜の掲示第五札（高札No.12）などである。

末尾には、法令が発布された年月日と発給主体（発行者）名が書かれる。奉行（幕府）、人名、行政機関名などである。

第2発給者の名が加えられたものもある。幕府（奉行）や太政官などの発給主体により出された法令主文に、「右之通被仰出候間堅可相守者也」などの文面をつけ加え、その後に、追加発給した領主、縣名などを記した高札である（高札No.11）。

年月日については、高札が最初に発行された年月日が使われる。その後、改訂があっても、年月日は変わらない。その代表が、正徳元年の大高札であり、江戸時代が終わるまで、約200年間、正徳元年五月日のままであった。

■高札の管理

高札は、幕府などの支配者が設置し、民衆に対して掲げた掲示板である。しかし、日常の維持管理やその費用は、基本的に、町村の負担であった。

高札の掲示が長期間にわたると、文字が薄くなってくる。その時は、役人に報告し、村方で墨入れをした。破損、焼失の場合は、藩の裁許を得て、新たに作成した（文1）。

江戸時代、高札は、家が密集した場所に掲げられることが多かったので、しばしば火事にあった。火事の際の高札について、残された記録は少ない。

本冊子で紹介する、火事にあった高札（No.14）は、その焼けただれた表面が、当時の状況を生々しく今に伝えている。現存すること自体が不思議な品である。

前述の御高札守護役の最も重要な役目は、火事の際、高札をはずして、他所へ避難することであった（文3）。

また、中山道垂井宿では、火事の際、直ちに高札をはずして、近くの池に浸して、焼失を防いだと言われている。この事例は、全国的にも極めて珍しい。これは、湧水に恵まれたこの地域の特性かもしれない（五よみがえった高札場で詳述）。

二 故玩館の高札

■故玩館所蔵の高札概要

故玩館には、現在16枚の高札がある。そのうち、内容が重複する2枚を除いた14枚を本冊子で紹介する。表1に、これらの高札の一覧を示す。

この内の半数は江戸時代、残りは維新・明治時代の物である。前者では、墨書きの残っている物は2枚しか無く、また、高札表面は風化がすすんでいる。それに対して、後者では、墨書きが少し薄くなっている物もあるが、たいていは鮮明に残っている。高札板自身の痛みも少ない。その理由は、高札制度最終期の物で、時代が新しいこと、屋外に掲示された期間が最長でも6年間と短いこと、の二つによる。

■形・大きさ・材質

高札の形は、五角形（駒形）と四角形に大別される。

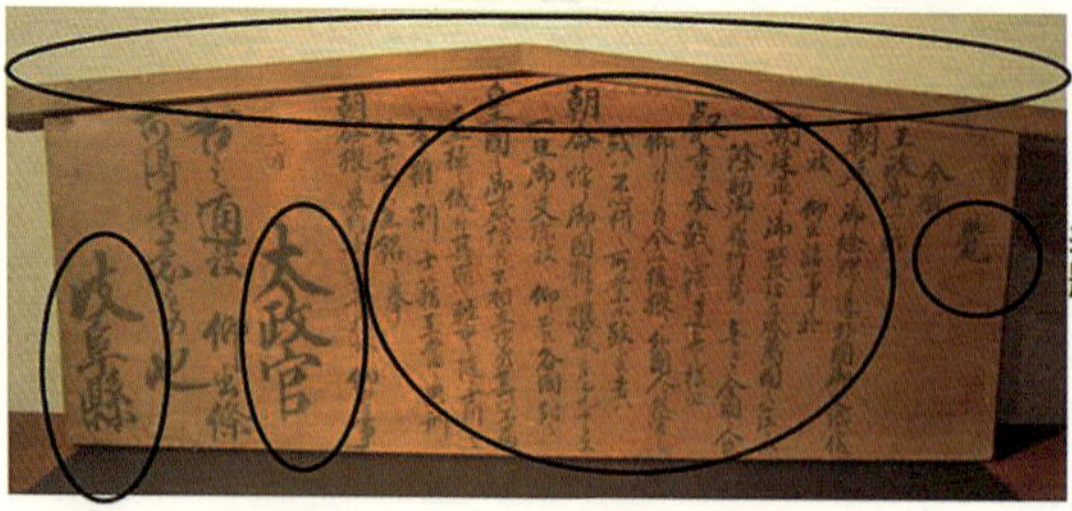

故玩館所蔵の高札14枚（表1）のほとんどは、横長の五角形（駒形）で、四角は3枚のみである。駒形高札11枚の内、8枚には屋根がついている。吊り金具のついている物は4枚、裏木で補強されている物は5枚ある。裏木や吊り金具の存在と高札の重要度との間に、特に関係は無いようである。

大きさは、縦26〜47㎝、横38〜116㎝、厚さ0・9〜3・5㎝で、横、厚さの違いが大きい。重さは、0・7〜6・2㎏と、非常に大きな差がある。薄くて小さな高札（№3）と厚くて大きな高札（№14）では、10倍ほども重さが違う。

材質は、まちまちである。特に、堅さには非常に大きな違いある。高札№5、10、14は堅い木を使っている。高札№7、8、9、11、12も、しっかりとした材質である。一方、高札№1、2、3、4、6、13は、緻密でない木を使っている。特に、高札№6は、非常に柔らかい木でできている。厚さの薄い高札の場合、柔らかな木を、厚くて重い高札の場合には、堅い木を使う傾向が認められる。

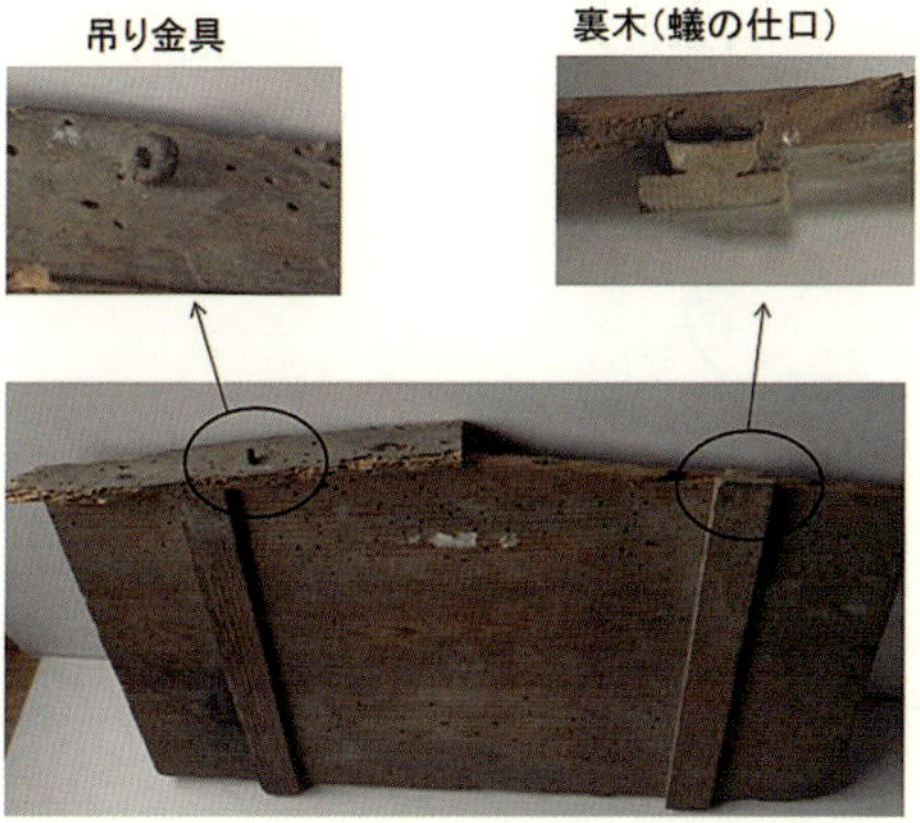

■触書文

高札に書かれた触書文の内容は様々であるが、ほとんど、表題がついている。年月日はすべての高札に書かれている（年がなく、月だけの物が4枚）。発給主体も、御触書の写しと考えられる虚無僧取締札（高札№4）と個人的な立て札である柿盗人警告札（高札№6）を除いては、すべてに、書かれている。

高札の半数ほどには、裏面に書き付けがある。特に村名が書かれている場合は、いろいろ有益な手がかりが得られる。

■高札面の状態と判読

高札は屋外に長年掲示されるため、風化による損傷を受ける。特に、江戸時代の古い高札はその程度が大きい。高札№2、4、6は、板自体が脆くなっている。墨書きがしっかり残っているのは、2枚（№3、6）にすぎない。

一方、維新明治の高札№7～13は、板の状態、墨書きともに、すべて、良好な状態にある。

高札の表面は、風雨の影響を強く受けるので、墨書きの文字はすぐに薄くなる。しかし、墨は風化を防ぐ作用があるので、墨書きされた部分は浸蝕されにくく、浮き彫りのように文字が残る。拓本がとれるほど、文字の凸凹がくっきりする場合もある（高札№4）。

高札の拓本【高札No.4】

正面から光【高札No.14】

左から光【高札No.14】

さらに、文字が相当薄くなっていても、横から光を当てると陰影がくっきりとして、読めるようになる。本冊子の高札は、そのようにしてはじめて全文が判明した。表1の高札では、高札No.1、2、4、5、14がそのような状態である。特に、火事にあった高札No.14は、表面が黒く焼け、文字があるかどうかもはっきりしない。しかし、横から光をあてると文字がくっきりと浮かび上がり、この高札が明和の徒党強訴逃散禁止札であることが判明した。この高札は、実に、250年余の時代を経て、よみがえったのである。

■様々な高札

徳川幕府の法令は、典型的には「定」や「覚」で始まる。このような高札は、公儀高札とよばれる。表1の中では、高札No.1、14である。

一方、各藩も、種々の高札を発行した。それらは、幕府の公儀高札に対して、自分高札とよばれているが、その実態はまだ十分には把握されていない。表1の中に、明確な自分高札は無い。

さらに、法令公布、伝達にとどまらず、治安などに関する情報伝達や注意喚起（高札No.4）など、高札の種類と守備範囲は広い。高札作成を指示する過程で作られたと推定される物（高札No.3）もある。

また、支配者ではなく、各村や町が出す高札（高札No.5）も出現した。

さらには、公の高札を模して、個人レベルで勝手に出す私的高札（高札No.6）まで現れた。明治時代には、業界団体内部の決まりを記した板札（No.13）もある。

「定」で始まる定番の高札より、これら雑多な高札や高札まがいの板札の方が、当時の政治、社会状況をあらわしていて、興味深い。

■稀少な高札

「塵芥捨等禁止高札」（高札No.5）は、江戸時代の京都の自治や河川環境保護を表す貴重な資料である。

「柿盗人高札」（高札No.6）は、非常に稀な私的高札であり、当時の世相が覗える。高札をよく見ると、薄く文字が浮かび上がり、この板は、元々は正式の高札として用いられていた物であることがわかる。

「生産所質貸高札」（高札No.13）は、明治初期の業者組織の決まりを述べたもので、他にあまり類例を見ない。

「火事にあった高札」（高札No.14）では、かすかに文字らしきものは認められるが、判読は不可能である。このような品が現存すること自体が不思議である。これらの高札については、後に詳述する。

表１　高札一覧（故玩館蔵）

高札No	内容	表題	年月日	発給主体	裏書き	大きさ(縦・横・厚)重さ	形 屋根・吊金具・裏木
No. 1	切支丹禁止	定	正徳元年五月	奉行		40x69x1.4cm 1.5kg	駒形 有・無・無
No. 2	贋金銀銭取締		六月	武部少輔		38x58x1.2cm 1.2kg	駒形 有・有・有
No. 3	盗賊自衛	写	辰正月	奉行		31x60x0.9cm 0.7kg	駒形・ 無・無・無
No. 4	虚無僧取締		正月		しもかけた□ 庄屋	35x60x2.4cm 2.1kg	駒形 有・有・有
No. 5	塵芥捨等禁止		天保十四年卯月五月日	上立売通小川南入堀之上町	天保十四年卯月五月 建之　町役	37x60x3.0cm 2.7kg	駒形 無・無・無
No. 6	柿盗人警告	覚	天保八年酉八月日			26x38x1.0cm 0.9kg	四角 無・無・有
No. 7	五輪之道遵守	定	慶応四年三月	大政官		43x60x1.5cm 1.7kg	駒形 有・有・有
No. 8	徒党強訴逃散禁止	定	慶応四年三月	太政官	大野郡政田村	41x57x3.0cm 3.2kg	駒形 有・無・有
No. 9	切支丹禁止	定	慶応四年三月	太政官	山縣郡 古市場村	41x57x2.8cm 3.7kg	駒形 有・無・有
No. 10	徒党強訴逃散禁止 切支丹禁止	定 定	慶応四年三月	太政官	弓懸村	37x79x3.0cm 4.8kg	四角 無・無・無
No. 11	万国公法遵守	覚	三月	太政官	大野郡更地村	47x116x3.0cm 7.4kg	駒形 有・無・無
No. 12	郷村脱走禁止	覚	明治元年辰三月	太政官	下組分 下松倉村	44x106x2.3cm 5.9kg	駒形 無・無・無
No. 13	質貸掟	掟	明治三庚午年十月	生産所	一鑑札譲引之 ・・・・	23x53x1.3cm 1.2kg	四角 無・無・無
No. 14	徒党強訴逃散禁止（被火事高札）	定	明和七年四月	奉行		44x90x3.5cm 6.2kg	駒形 有・有・無

コラム

違反したら罪になると書かれた高札

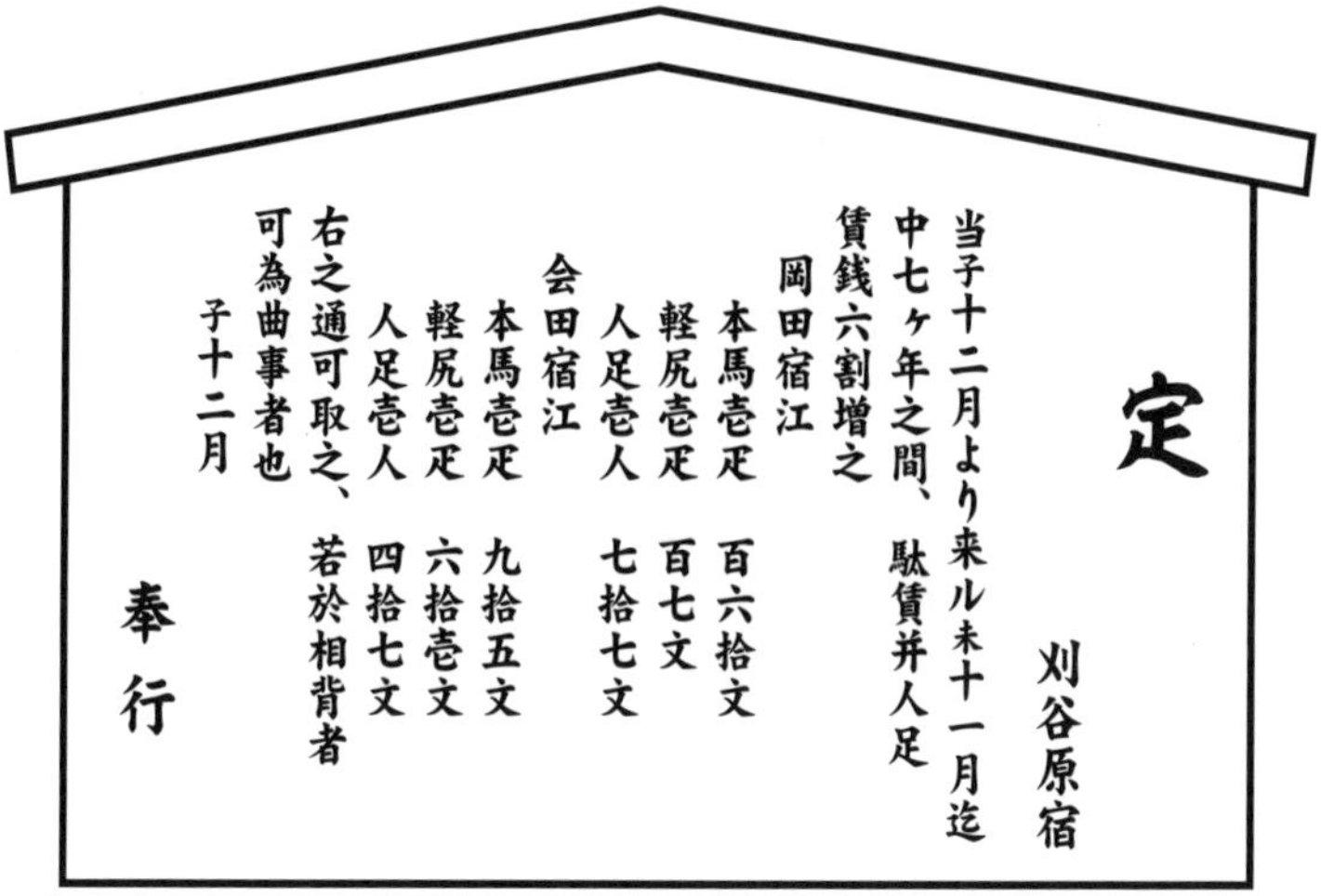
定
刈谷原宿
当子十二月より来ル未十一月迄
中七ヶ年之間、駄賃并人足
賃銭六割増之
岡田宿江
本馬壱疋　百六拾文
軽尻壱疋　百七文
人足壱人　七拾七文
会田宿江
本馬壱疋　九拾五文
軽尻壱疋　六拾壱文
人足壱人　四拾七文
右之通可取之、若於相背者
可為曲事者也
子十二月
奉行

明治大学刑事博物館蔵

駄賃札の場合、規定に違反すると罪になると記載されていたものもあった。

三 江戸の高札

■御触書と高札

江戸時代には、数多くの御触書、御達書の類が出された。これらは、老中、若年寄の会議で方針を定め、奥右筆筆頭が起草し、将軍の裁可を得て制定された。そして、書き付けと称する写しがつくられ、各方面に配布された。配布先は、御触書の目的、内容などによって決められた。

幕府自身、数千通にものぼる御触書類を、江戸時代、4回にわたって、整理、分類し、記録に残している。これらは、後に、御触書集成と名付けられた。

御触書の一部は、高札として掲示され、一般の人々に広く知らされた。

このようにして、江戸時代には、種々の高札が発行されたが、これらは、大きく3種類に分類される。高札場に掲示された幕府の主要政策を示した公儀高札、各藩が独自に定めた自分高札、そして、この2種類には入らない高札類である。なお、新政府が出した高札は、天朝高札と呼ばれた。表1の高札類14枚の内訳は、公儀高札が5枚、天朝高札6枚、その他の物が3枚である。その他の物は、私的高札が1枚、発給主体が、町、業界の物が各1枚である。

公儀高札や天朝高札については、これまで多くの研究がなされてきた。特に、切支丹札や火付け札、贋金銀銭取締札、徒党禁止札などは詳しく調べられ、密告制度をはじめ、幕府や新政府の民衆政策はかなり明らかになっている。一方、他の高札類については、系統的な研究がほとんど行われていない。しかし、これらは当時の世相を反映しているものが多く、人々の暮らしを知る手がかりを与えてくれる。

ここでは、まず、江戸時代の高札の代表である、正徳の大高札（資料1）を概観し、幕府が最も力を入れたキリシタン取締りと贋金銀銭取締りについて、切支丹札（高札No.1）と宗門人別改状（資料2）、および、贋金銀銭札（高札No.2）によって、その実態を見てみよう。

次に、盗賊自衛札（高札No.3）、虚無僧取締札（高札No.4）、塵芥捨等禁止札（高札No.5）、柿盗人札（高札No.6）を取り上げ、当時の世相や人々の暮らしぶりを考えてみたい。

■正徳の大高札（資料1、高札No.1）

徳川幕府は、村々に高札場を設け、法度や掟書を記した板札を掲げた。人々を律し、統治するため、その種類は多く、複雑で多岐にわたっていた。また、老中や将軍がかわるたびに新たな高札が掲げられ、その手間と経費も大きな負担であった（文1）。

そこで、種々の高札はやがて整理され、正徳元（1711）年に出された5枚の高札が、代表的なものとなった。これらは、正徳の大高札とよばれている。忠孝札、毒薬札、切支丹札、火付札、駄賃札。これら5札が、徳川治世の基本となり、駄賃札の改定を除いて、幕末まで同じ文面で掲示された。このうち、切支丹札が最も重視され、すべての高札場に掲示された。

江戸時代、触書などの法令は、書き写すのが基本であった。もちろん、高札も、役人による墨書である。そして、高札の文面は、村役によって書き写され、保管された。しかし、正徳の大高札などの基本的な高札は例外的に出版が行われた。儒教倫理や切支丹禁止、徒党強訴逃散禁止などの法令を、社会の隅々にまで行き渡らせようとして、特別な計らいがなされたのである。

資料1は、江戸中後期に出版されたと思われる高札写しである。木版刷り13丁を、紙紐で簡単に綴じてある。内容は、正徳の大高札など江戸中期の高札8種である。漢字にはすべて、かながふってある。寺子屋の教材として用いたのだろう。

忠孝札では、親子兄弟等は互いに慈しみ、一生懸命に働くなど、日常生活の規範が述べられるとともに、賭博、喧嘩などを戒め、盗賊悪党の通報を奨励している。毒薬札は、毒薬、偽薬の売買禁止、贋金銀銭扱い禁止、価格操作の禁止などに加えて、徒党の禁止も命じている。切支丹札は、密告の奨励と厳罰によりキリシタン厳禁を謳っている。火付札は、火付人の通報と捕縛、火事場泥棒の厳罰などについて述べている。駄賃札は、人足の数、荷物の重さ、人馬の賃などを定めている。

このように、忠孝札、毒薬札は、その内容がかなり雑多である。大高札制定の過程は不明だが、各種の禁令などを十分に整理統合しないまま、高札にしたのだろう。それに対して、切支丹札、火付札、駄賃札は、簡潔に法令をまとめている。特に、切支丹札の高札としての完成度は高く、徒党禁止札など、その後の高札は、切支丹札のスタイルに倣っている物が多い。

資料1　御高札之写（木版）

正徳の大高札

故玩館蔵

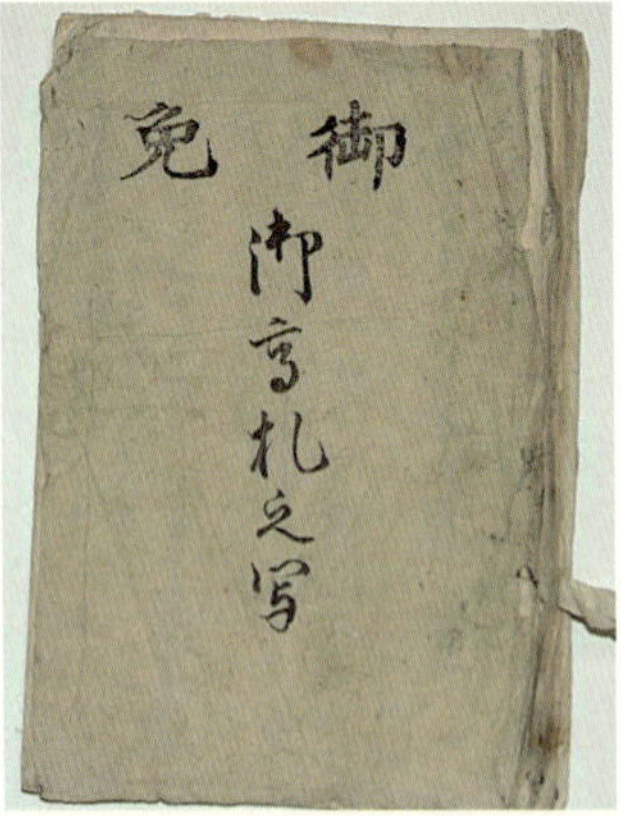

切支丹札

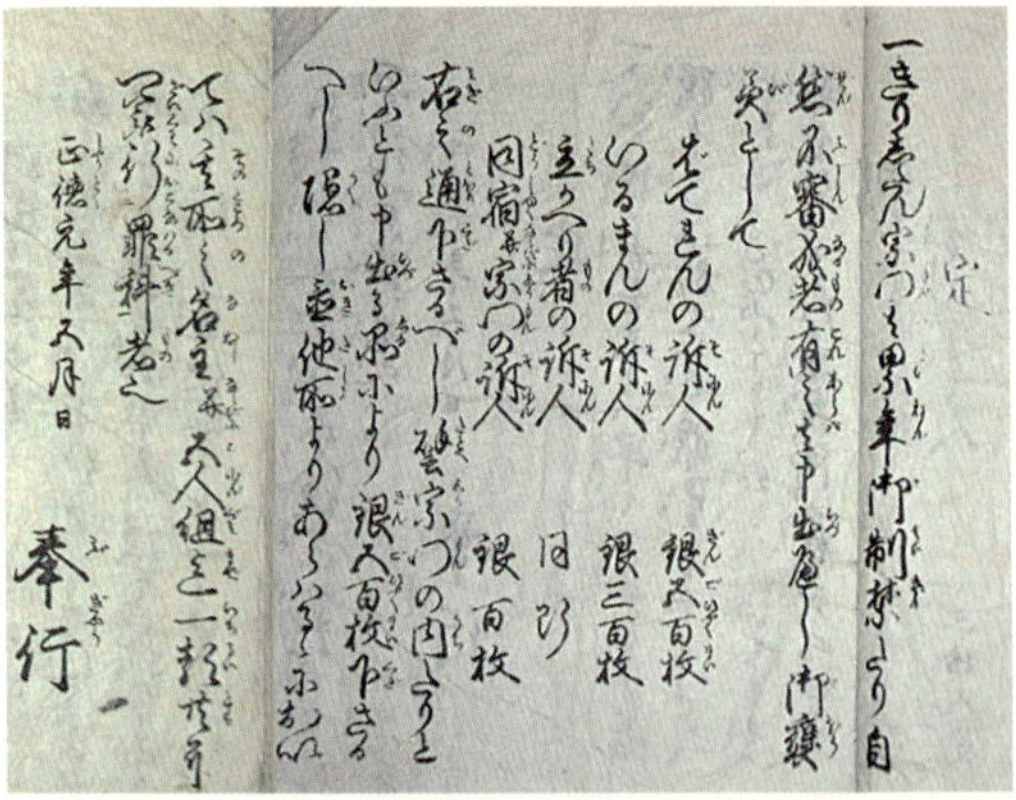

忠孝札

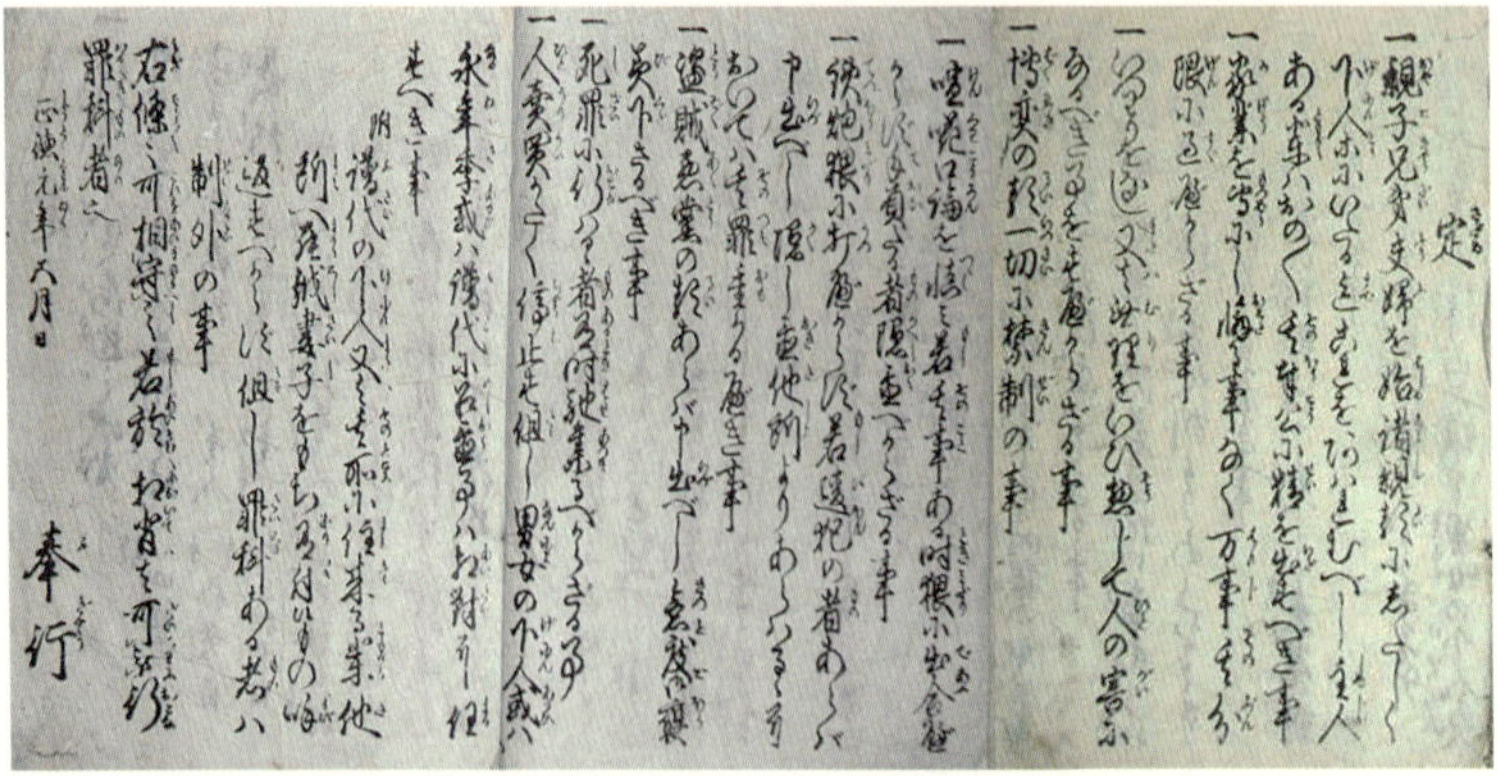

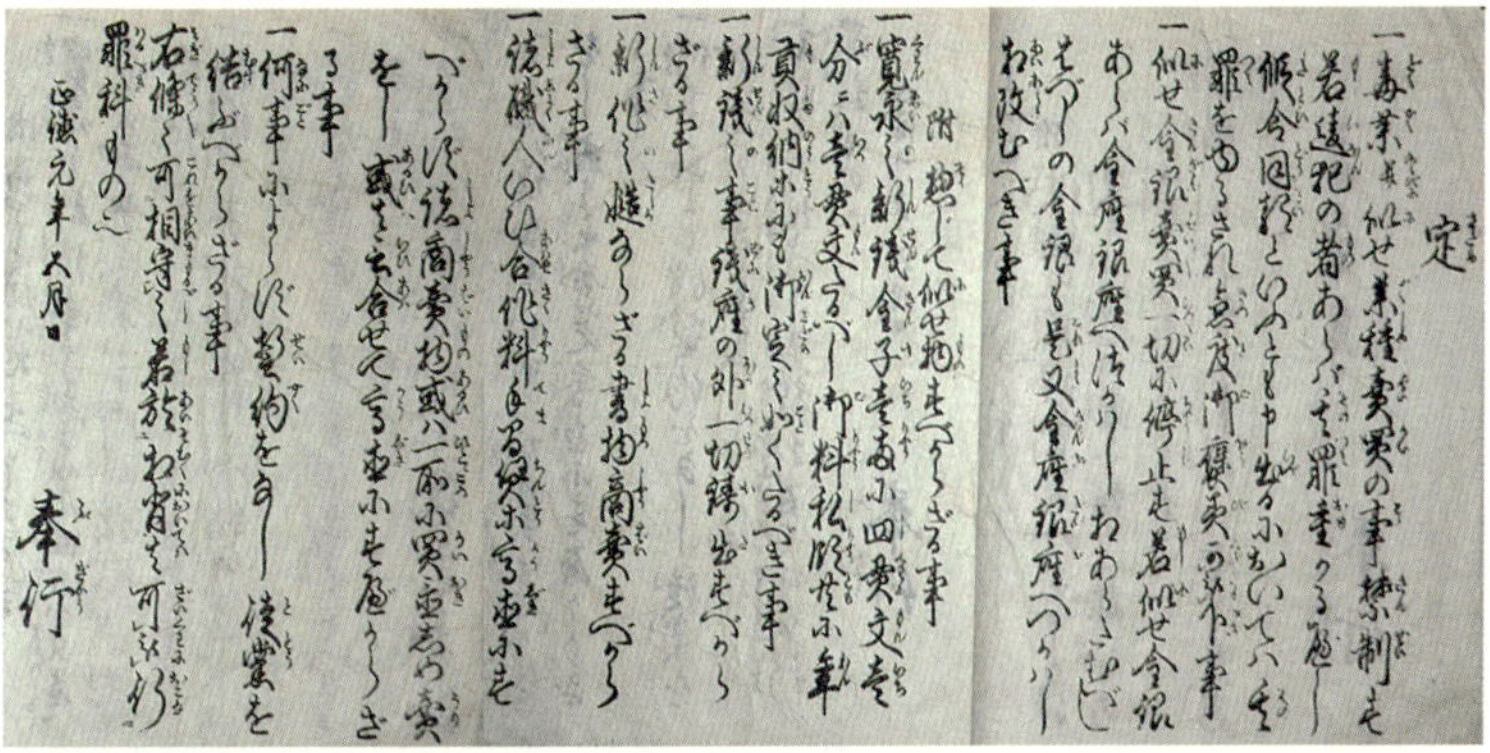

毒薬札

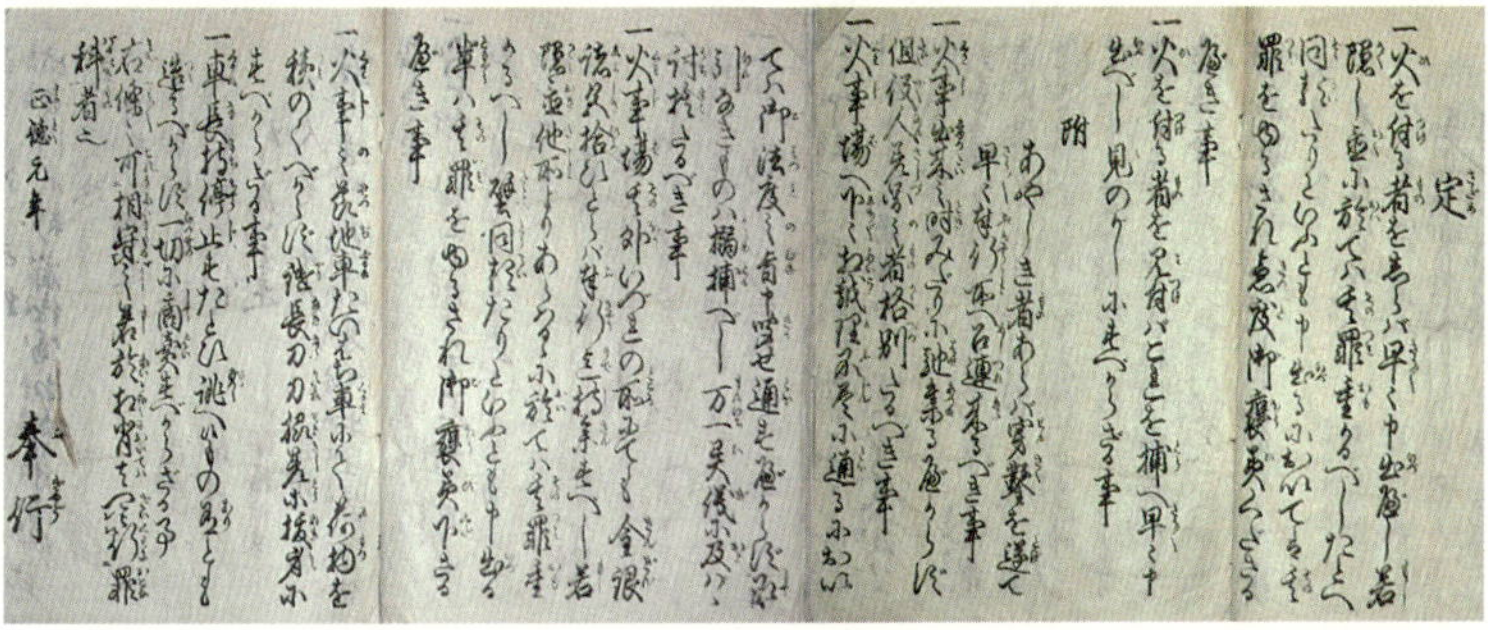

火付札

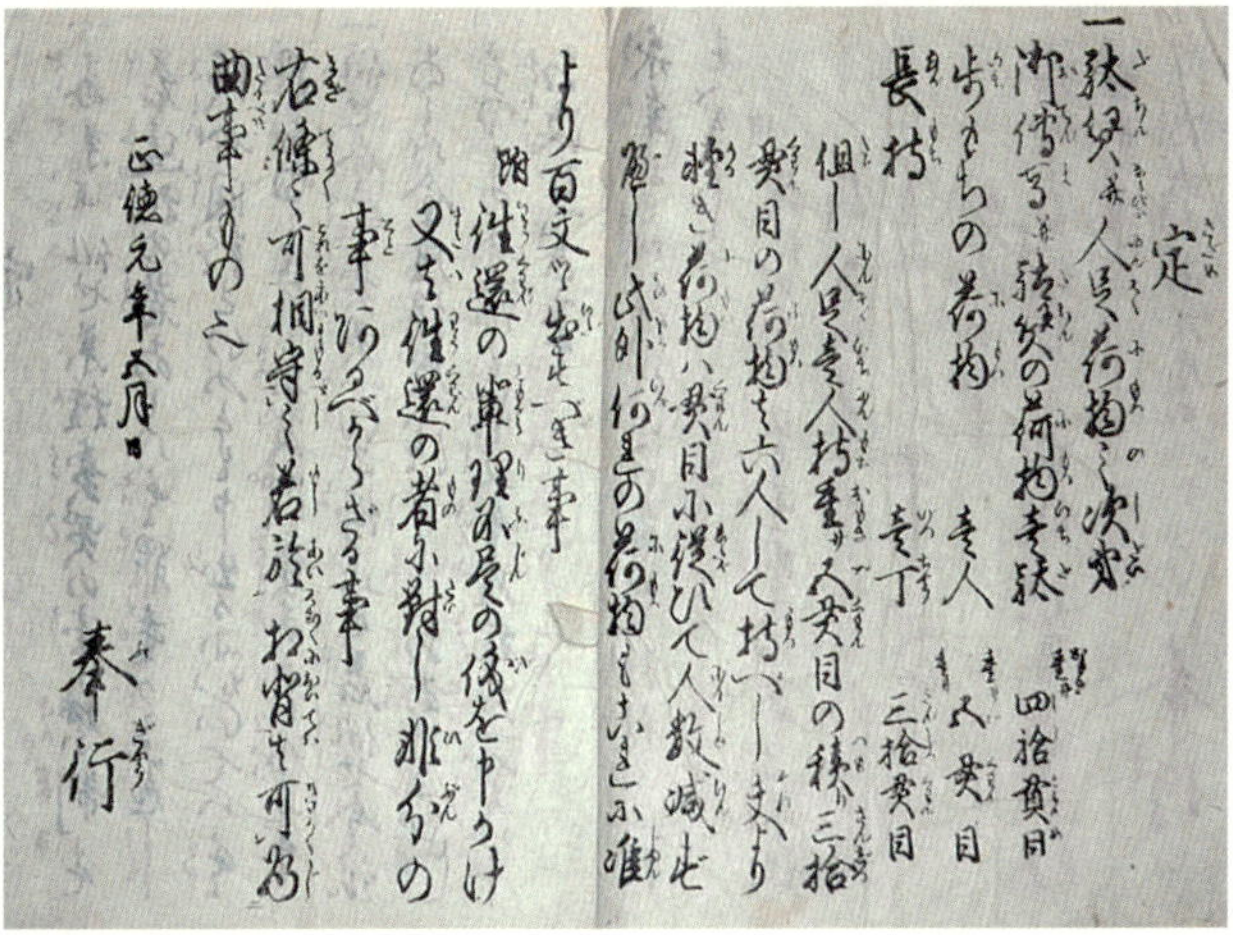

駄賃札

■切支丹札と宗門人別改（高札№1、資料2）

高札から見える江戸時代の民衆政策は、密告制度を基本とした飴と鞭の政策である。不届き者の通報（密告）を奨励し、その情報の内容によって、報賞金を与えた。

正徳大高札の中の切支丹札（高札№1）と火付札、贋金銀銭取締札（高札№2）、徒党強訴逃散禁止札（高札№14）などがその代表である。

このうち、最も有名なキリシタン取り締まりを、切支丹札（高札№1、資料1）と宗門人別改状（資料2）から見てみよう。

「き里志たん宗門ハ累年御禁制たり、自然不審成ものこれあらハ、申出へし、御ほうひとして、はて連んの訴人、銀五百枚、い累まんの訴人、銀三百枚、立かへ里者の訴人、同断、同宿并宗門の訴人、銀百枚、右の通下さるへし、たとひ同宿宗門の内たりといふとも、申出る品により銀五百枚下さるへし、かくし置他所よりあらはるゝにおゐては、其所の名主并五人組迄一類は罪科行れるべく候也　正徳元年五月日　奉行」

資料1と高札№1は、かな文字の使い方以外は、全く同一である。

「キリシタンは厳禁である。不審な者がいたら通報せよ。褒美として、バテレンなら銀五百枚、イルマン銀三百枚、信者なら銀百枚を与える」と、密告に対して大判振る舞いである。

さらに、「通報者が信者であっても、その情報によっては銀五百枚を与える」とある。内部からの密告も奨励しているのだ。

その一方で、「キリシタンを匿い、それが外から発覚した場合には、名主や五人組も同罪となる」と脅している。まさに、飴と鞭の政策である。

このような高札による密告制度が、どの程度有効であったかは明らかではない。銀五百枚は、時代の交換レートにもよるが、150~300両にも相当する大金である。このような途方もない懸賞金がしばしば支払われたとはとても考えられない。徳川幕府の意図は、むしろ、高札によって、幕府の権威を誇示することにあったと言えよう。

切支丹札でキリシタン禁止を強くうちだした幕府であるが、実際の取り締りに関しては、日本中に組織した五人組制度を利用した。毎年、宗門人別改めによって、人々を調べ、キリシタンでないことを証明させた。宗門人別改めが、人々を監視し、取り締まる役目を果たしていたのである。

五人組とは、近隣5人（5戸）を単位とする統治の末端組織である。幕府は、江戸前期に五人組制度を組織し、全国的に整備した。そして、キリシタンの取締りを主眼として、五人組に連帯責任をおわせる相互監視体制をつくりあげた。連帯責任の範囲は、その後、年貢の完納や法令遵守などにまで広がった。

宗門人別改状(資料2)は、岐阜下矢嶋町の宗門改めの記録である。宗門人別改めによって、各人は、何宗に属し、旦那寺はどこかを、毎年役所に報告したのである。この資料には、6家族、10人（男4、女6）の人たちそれぞれの宗旨と旦那寺が記されている。家族単位の記述ではあるが、家族成員それぞれの名前と年令、そして、所属する寺を個人別に記入し、その下に寺の印が押してある。所属する寺は、住んでいる場所から、かなり離れた所（10㎞以上）にある事も多い。また、同じ家族であっても、異なる寺に属している場合がいくつかある。

このようにして、毎年、旦那寺に信者であることを証明させた。この書状の宛先は岐阜奉行所である。末尾には、5人組、6人組の人名と印がある。もし、記載に誤りがある場合には、それぞれの組と旦那寺も、連帯責任を負った。隣人相互に監視をさせるこの制度によって、全国に細かい監視網が敷かれ、高札に書かれた切支丹禁止令を実効させたのである。キリシタンの摘発からはじまった宗門改めは、その後次第に、住民調査の色彩を強くおびるようになっていった。

江戸幕府が倒れても、新政府はキリシタン禁制を踏襲したので、宗門改めは明治になってからも続いた。明治6年2月、五榜の掲示が撤去され、キリシタン禁制が廃止されるとともに、五人組制度は終わった。しかし、近隣住民を組織して、相互に監視し、治安維持に当たらせる方策は、第二次大戦中、隣組として戦争終結まで続いた。

なお、五人組は、必ずしも5人（5戸）ではなく、1組は3～7人（戸）の構成であった。本資料でも、5人組と6人組のふたつの組を調べている。

資料2

宗門人別改状

故玩館蔵

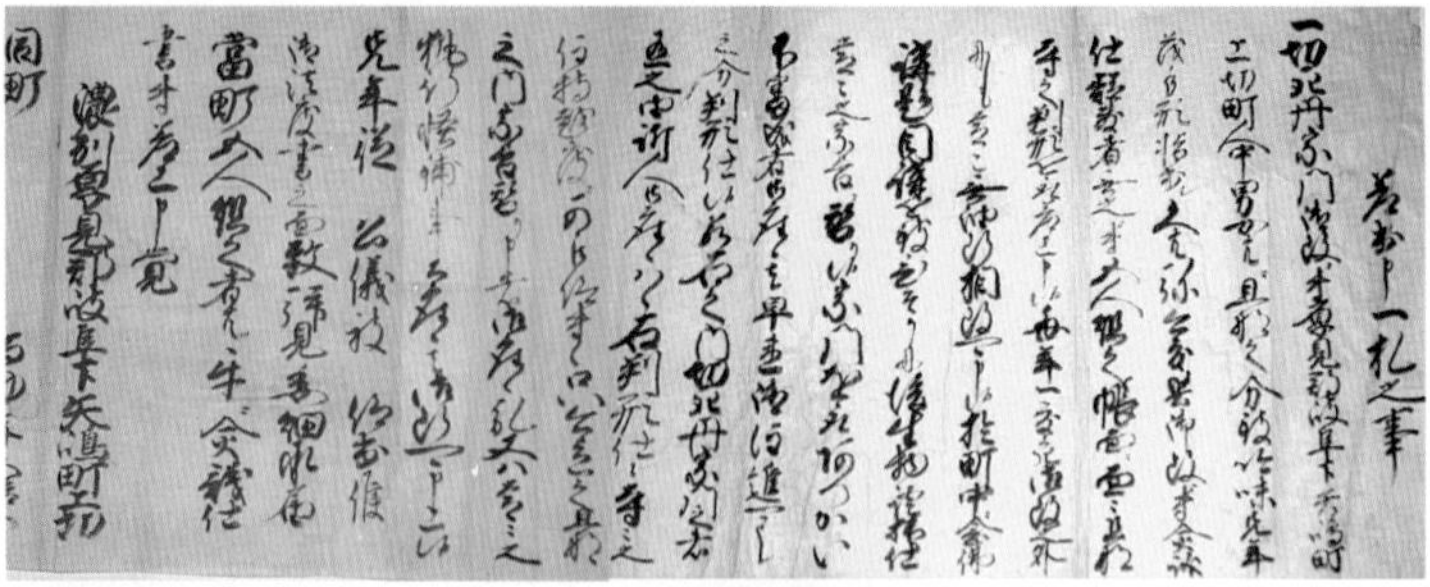

差出申一札之事

一切死丹宗門御改ニ付、厚見郡岐阜矢嶋町
上切町人男女共ニ旦那之分、致吟味先年
茂手形指出シ候へ共、弥今度堅御改ニ付僉儀
仕疑敷者無之ニ付、五人組之帳面ニ面々旦那
寺之判形を取、差上申候。毎年一度宛御改之外
にも、常々無油断相改可申候。於町中ニ念仏
講題目講を致、ひそかに後生物語様仕
常々之宗旨ニ替り候宗門を取阿つかい
不審成者御座候者、早速御注進可申候。
之分判形仕候。若、右之門切死丹宗門之者
有之由、訴人御座候ハゝ右判形仕候寺々之
住寺越度ニ可被仰付候。只今迄之旦那
之内宗旨替り申者御座候歟又ハ常々之
執行怪鋪事御座候者、御改可申上候。
先年従　公儀被　仰出候
御法度書之面致拝見、委細承届
當町五人組之者共等ニ僉儀仕
書付差上申。　覚
濃州厚見郡岐阜下矢嶋町上切
同町　　○○年五拾五

右女壱人宗旨八代々一向宗旦那寺
厚見郡明屋鋪
蓮生寺 印
□□母　年六拾八
組頭　半右衛門 印
新　助 印
五人一組　与左衛門 印
加兵衛 印
忠六後家 印
与頭　清右衛門 印
久　六 印
六人一組　喜　七 印
八久衛 印
長吉 印
又　八 印
岐阜
御奉行所

■贋金取締に躍起（高札No.2）

江戸時代には、かなり早くから、贋金作りが横行していた。貨幣の信頼性が低下すれば、徳川幕府の根幹がゆるぎかねない。そこで、幕府は贋金作りや贋金の流通を厳しく取り締まり、贋金作りには、極刑が科せられた。

贋金銀銭禁止の高札（高札No.2）は、江戸時代の高札の中では、かなり早い時期、おそらく江戸初期に出された物だろう。上部は虫喰いが激しく、屋根の片方は失われている。2本の裏木が、蟻仕口で取り付けられている。

江戸初期の老中、榊原式部少輔が発給者である。しかし、この高札は、江戸幕府の法令集、御触書集成には載っていない。このように重要な法令が、なぜ不掲載なのか、その理由は不明だが、贋金作りに関する触書、達書の類は、江戸時代にしばしば出されている。

その中で、本高札と同様の触書が、幕末に、仙台藩へ出されている（文4）。

似せ金銀銭拵ひ候者幷売捌候者難為御制禁、近年奥羽筋は専行候者有之に付今度吟味之上夫々被遂厳科候、雖而は右両国は勿論国々厳敷き被遂御穿鑿候条銘々無油断相改、自然疑敷者有之は早々其筋へ可申出品々に寄御褒美被下、其者より仇をなさざる様可被仰付候、若見聞におよび隠置他所よりあらわるるにおいては其所之者迠罪科に可被行候

右之趣御料は御代官私料は領主地頭より浦方村町共不洩様可触知候、尤も触書之趣板札に惣高札場所へ罷置可申者

六月

右之通可被相触候

右書付水野越前守殿御渡被成候間、大目付衆御廻状到来之段、公儀使相達江戸より申来候間、此旨何れも屹度可相心得候。若等閑に成至、後日に顧候はば曲事可被仰付条、向々へは不及申御城下検断肝入等在々は村役付等自今厚遂穿鑿、疑敷者有之候はば速に召捕候様、御城下在々共如兼ねて相触候様可有之候　以上

天保十三年八月十七日　豊前　對馬　監物　大蔵

「右之通可被相触候」以前の文面は、発給者式部少輔の名が無いこと以外、高札No.2と全く同じである。続く文面は、最初の触書が出された江戸前期から200年以上経った江戸後期になって、あらためてこの触書を出すときに付加されたものである。

「老中、水野越前守（忠邦）から大目付経由で公儀の使者が、江戸から仙台へ、この書き付けを持ってきた。すぐに各所に回し周知徹底せよ。疑わしい者がいたら直ちに召し捕れ。」とある。江戸幕府の根幹に関わる触書が、老中名で、天保13年に再び出されたのである。時代も幕末になると、各藩の財政事情は極めて厳しくなり、秘かに贋金作りをする藩もいくつかあった。この文書が出された当時、世は天保の改革のまっ最中であり、綱紀粛正の名のもと、各分野で厳格な統制が行われた。元々の文面にも、**「近年奥羽筋は専行候者有之に付」**とあるように、奥羽地方は、古くから贋金作りで有名だった。これが、再びやり玉に挙がったのは想像に難くない。そのような状況下で、陸奥仙台藩へ、先の御触書がくだされたのだろう。

■盗賊対策は自衛で（高札№3）

盗賊自衛札（高札№3）は、本冊子で紹介する高札の中でも、大変珍しい品である。まず、柔らかい木（杉?）でできていて、大きさが小さく、厚さも薄い。木札は大きく3つに割れていて、今にもバラバラになりそうだ。駒形板の上部には穴が開いていて、金具や釘に直接掛けたり、穴に紐を通して、掲示したのだろう。

板の表面をよく見ると、胡粉で下塗りがしてある。墨書はその上になされている。また、胡粉の下にも、うっすらと文字が見える。元の文字が薄くなったので、胡粉を塗ってその上に書き直したか、あるいは、新たな触書を墨書したのだろう。

この板札は、本来の高札に較べれば、作りが大変貧相なことから、高札場に掲げる正規の物ではないと思われる。上部に開けた穴で簡単に固定して、村役などの家の軒先などに掲げた、回覧板的な物だったのだろう。発給主体は奉行だが、表題に「写」とあり、内容も村民に対する具体的な指示が中心である。

「最近、盗賊、強盗の類が出没し、不届きをはたらくので、村の皆で申し合わせて、棒や鳶口を用意し、相図を決めておき、その相図で村中一斉に出て、賊共を捕らえよ。抵抗するなら、打ち据えてもよい。隣村とも打ち合わせして、互いに加勢できるよう手筈をととのえておけ。戸締まりを厳重にして、夜回りもせよ。」というのだ。

高札の発給者は奉行となっているが、主な法令集には見あたらない。各村で策を講じて自衛せよ、というお達しである。治安対策を地元に丸投げにした内容だ。しかし、別の見方をすれば、この高札は、当時の農村自治を表しているとも言えよう。

■各地で暴れた虚無僧（高札No.4）

深編笠をかぶり、首に袈裟をかけ、尺八を吹いて諸国を行脚する虚無僧の脇に一枚の高札が…時代劇で絵になる場面である。

虚無僧とは、普化宗（禅宗の一派）に属し、尺八を吹きながら諸国をまわり、托鉢をし、修行を行った人たちである。身分は武士（ほとんどが浪人）で、町人や農民は、虚無僧にはなれなかった。

江戸幕府は、当初、虚無僧に、諸国を自由に往来できるなどの特典を与えていた。しかし、江戸中期以降は、虚無僧姿をした遊蕩無頼の徒が横行するようになり、虚無僧を規制するようになった。

虚無僧取締札（高札No.4）は、このような状況下で出された高札である。したがって、江戸中期以降に掲げられたものだろう。

安永3（1774）年には、次のような不法之虚無僧取計方触書が、出されている（文5）。

不法之虚無僧取計方之候被仰出加納遠江守殿御渡、建部六右衛門被相達候、

近年村々江虚無僧修行之躰ニ而参り、百姓共江ねたりケ間敷儀申掛、或ハ旅宿申付様、

村役人なとへ申候故、宿取遣候得ハ、麁宅ニ而止宿離成由を申、あハれ、其場ニ居合候者共を尺八ニ而打擲いたし疵付候儀有之段相聞、不届之到ニ候、虚無僧修行致候者、志次第之施物を請、夜ニ人候ハヽ、相対ニ而一宿可致筋ニ候間、以来虚無僧共聊も不法之筋有之候ハヽ、其村々ニ而指押へ、御村ハ御代官并御預り役所私領ハ主地頭役所江、早々召連出へし、若於相背ハ、其村方可是越度者也、右之趣、御料私領寺社領等不洩様相触、村々ニ而寫取、村々入口高札場、或ハ村役人之宅前抔江為張置可申候

安永三年正月二三日

主文は、高札No.4と全く同じで、触書の年月日は、安永3年正月23日である。高札No.4の方は、年月日が正月としか書かれていないけれども、この触書が出された時に掲示された物と思われる。

「近年、村々へ修行の体をした虚無僧が現れ、百姓に金品を強要したり、村役人の家に押しかけ宿の世話を請い、世話をしてやっても、こんなあばら屋に泊まれるかといって暴れ、尺八で殴り、怪我をさせたと聞き及んでいる。虚無僧は本来、志を請い、夜は相部屋で寝るのが筋である。少しでも無法を働くのであれば、村で取り押さえて役所へ召し連れよ。違反すれば、村方の落ち度となろう。」

このように、虚無僧の不法、狼藉に注意せよというのである。

「右之趣、御料私領寺社領等不洩様相触、村々ニ而寫取、村々入口高札場、或ハ村役人之宅前抔江為張置可申候」

とあるように、触書を各村で写して、高札場や村役人宅前などに張り置くように指示している。

この触書は、将軍と老中の間を取り次ぐ御用取次役の加納遠江守が、旗本（直参、1400石）の建部六右衛門に渡したものである。建部は、御使番として、諸国大名などを巡視する役を負っていた。虚無僧は、元々、寺社奉行の管轄下にあったが、武士（浪人）だけに許されていた特殊な身分なので、御使番も、その取締りにあたっていたのだろう。

さらに、江戸時代後期になると、虚無僧や虚無僧の風体をした無法者が、各地で頻繁に問題を起こすようになった。天保15（1844）年には、岐阜芥見村で、虚無僧同士が縄張り争いを起こし、死者まで出ている。この時にも、同趣旨の触書が地元に出され、その記録が残っている（文6）。

高札№4を、今一度、詳細に観察してみよう。

駒形の高札には、屋根、吊り金具がついている。上部、下部は、虫喰いが激しく、かなり傷んでいる。板は二つに割れているが、裏木で補強されているので、全体の形状は保たれている。

この補強は非常に珍しいもので、手の込んだ細工になっている。裏木は蟻仕口で取り付けてあるが、工芸品に施されるような象嵌細工になっているのだ。その結果、板札の裏面は、完全に平坦で、裏木の存在を感じさせないほどだ。また、通常、裏木は左右に2本付ける。ところが、この高札は、中央に1本の裏木だけで補強されている。

裏木の下端をよく見ると、折れた痕跡がある。この裏木は、もう少し下まで伸びていたのだ。柿盗人札（高札№6）のように、地面に挿して立てたのだろうか。しかし、裏木は、巾1㎝、厚さ0・8㎝しかない。とても高札を支える強度はない。しかも、高札上部には、吊り金具が付いているので、立て札として使われたのではないことは確かだ。

では、一体どんな使われ方をしていたのだろうか。この高札は、何か特別な物だったのだろうか。非常に不思議な品である。

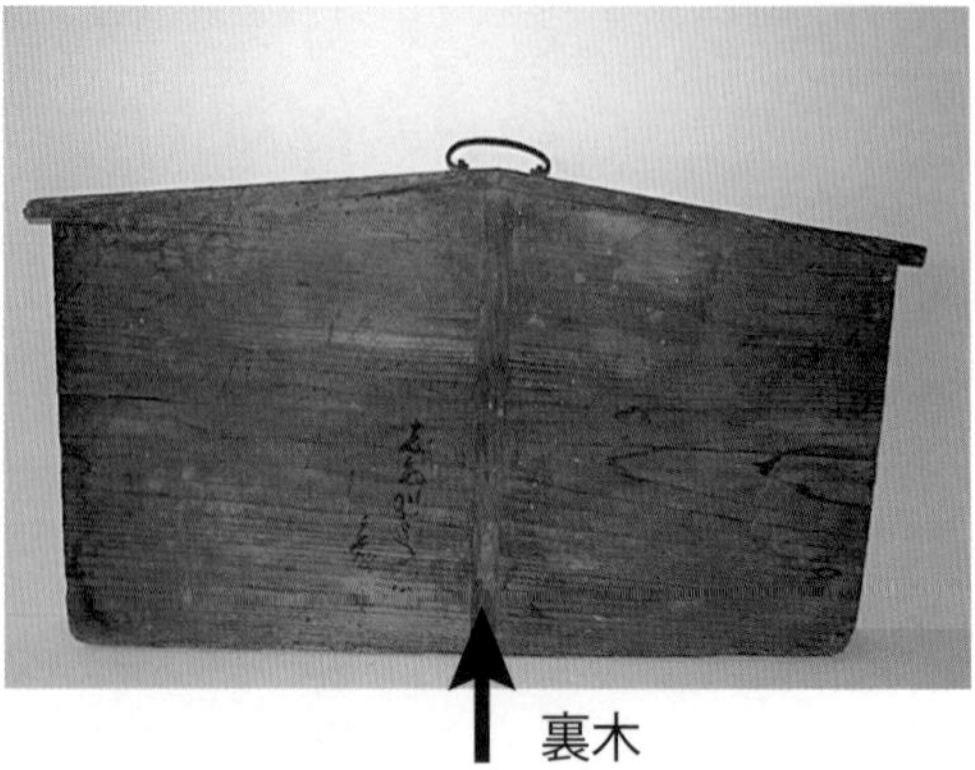
裏木

■京都堀川の環境保護（高札No.5）

塵芥捨等禁止札（高札No.5）は、京都堀川の河川環境保護をうったえた高札である。

この高札は、厚くて重い、しっかりした板でできている。吊り金具は付いていない。駒形の上部に少し大きめの穴が開いている。さらにその下に、2カ所穴があいていて、腐食した釘と思われる金属（鉄？）がくっついている。おそらく、上の穴を使って高札を掛け、下の2カ所の穴に釘を打ち付けて固定したのだろう。補強のための裏木はない。頑丈な木ではあるが、2つに大きく割れていて脆い状態にある。

高札は駒形ではあるが、屋根はついていない。裏面に較べて、表面は風化がかなりすすんでいる。墨書は消えているけれども、文字が浮き彫り状になっているので、読むことができる。

一御触書之通此川筋塵芥
捨累遍可ら須
一釘飛らひ裳不可入候事

この高札は、幕府の公儀高札や藩の出す自分高札ではない。かといって、全くの私的な高札ではない。

発給主体は、「上立売小川南入　堀之上町」である。この町は、今も、京都市内を南北に走る堀川通りに沿った所にある。現在の堀川は小さな水路や暗渠にすぎず、水もほとんど流れていない。だが江戸時代は、巾8丈（24ｍ）の河川で、木材などの船運が盛んであった。

この高札から、江戸後期、町中の川は、現代と同じような問題を抱えていたことがわかる。

「御触書にあるとおり、この川筋にゴミをすてるな。釘拾いにも川へ入るな」

昔から、川は、安易なごみすて場になっていたのだ。また、江戸時代、鉄は貴重品で、釘を拾えば金になった。火事の焼跡は釘拾いの人間でいっぱいだったと言われている。川に入って川底をかきまわして、釘をさがす者も多かったのだろう。

このような行為を戒めるため、堀川筋に、何度も触書（町触）が出された。それでも、不届き者があとをたたないので、このような高札を出したのだろう。高札の裏面には、「**天保十四年卯月五月　建之　町役**」と書かれている。京都では、町衆とよばる裕福な町人が組織化され、自衛、自治の精神がいきづいていた。さらに、いくつかの町が集まって町組が形成されるなど、自治組織が形成されていた。堀川の環境浄化をうったえる高札が出された背景には、このような町民自治の発達があったのだろう。

■柿盗人と警告者（高札No.6）

柿盗人警告札（高札No.6）は、本冊子で紹介する物の中で、最も珍しい品だろう。高札の中では、非常に薄く貧相な板札である。小さな板（約40x30㎝）が、一本の棒（長さ70㎝、巾4㎝、厚さ1・2㎝）に取り付けられてある。この棒を地面に突き立てて、警告札として用いたのだろう。しかも、厚さ1㎝の薄い板にもかかわらずほぞを彫り、この棒を蟻仕口で嵌め込んである。挿し棒が、裏木の役目も果たしているのだ。その効果は絶大で、板木は大きく2つに割れ、隙間が1㎝以上開いているが、バラバラにはなっていない。

高札の内容は、柿盗人に対する警告である。

「覚　この柿を絶対にとってはならぬ。手出ししたら、直ちに、番人に渡すぞ。　天保8年酉8月日」

表題と年月日を書き、正式の高札の体裁を整えてはいるが、この板札には、発給主体が書かれていない。また、内容からしても、まったく私的な札である。柿畑の所有者が書き、立てたに違いな

い。しかし、柿を盗もうとする人間が、この札を読むだろうか。あるいは、文字が読めるだろうか。

「柿」を「松茸」に置き変えれば、今でも、秋に山歩きをする時よく目にする立札になる。野菜泥棒や無断駐車の警告も同様の形式だ。

木札の表面をよく見ると、あちこちにわずかに浮き彫りなった部分がある。この板は、以前、別の目的で使われていたのだ。発給者の位置には、かすかに「南方村」と読める部分がある。その文字は盗人に対して書かれた書体よりも、格調が高い。下に書かれていたのが、正式の高札で、柿の木の所有者は、それを寸借して、柿盗人に対する警告札をつくり、自分の畑に立てたと推察されるのだ。泥棒はどっち?表題が、恒久法の「定」ではなく、一時的な「覚」となっているのは、せめてもの良心か。

■江戸の高札6枚

【高札No.1】正徳大高札
切支丹札

故玩館蔵

定

き里志たん宗門ハ累年御禁制
たり、自然不審成ものこれあらハ、申
出へし、御不うひとして
はて連んの訴人　銀五百枚
い累まんの訴人　銀三百枚
立かへ里者の訴人　同　断
同宿并宗門の訴人　銀百枚
右の通下さるへし、たとひ同宿
宗門の内たりといふとも、申出る
品により銀五百枚下さるへし、かく
し置他所よりあらはるゝにおゐては
其所の名主并五人組迄一類ともに
可被行罪科候也
正徳元年五月日
奉行

定

キリスト教は、これまでずっと禁止であり、これからも禁止である。もし不審な者がいたら通報せよ。ご褒美として、
バテレンの通報者　銀五百枚
イルマンの通報者　銀三百枚
立ちかえり者の通報者　同　断
同宿や信徒の通報者　銀百枚
右の通り、与えよう。たとえ同宿やキリスト教徒であっても、申し出る品により銀五百枚を与えよう。もし匿って、他の所から露見した場合には、その所の名主と五人組まで罪を負うことになろう。
正徳元年五月日
奉行

バテレン…司祭
イルマン…修道士
立ちかえり者…仏教へ改宗後、再びキリスト教へ戻った者
同宿…日本語でイルマンを補佐し、布教を助ける人、伝道補佐人

江戸時代、高札の代表となった5種類の高札（正徳の大高札）のうちでも、江戸幕府が最も重視した切支丹禁制札であり、どの高札場にも優先して掲げられた。

銀五百枚は、現在の貨幣価値で、2000万円ほどに相当する。

【高札No.2】贋金銀銭取締札

故玩館蔵

似せ金銀銭拵ひ候もの候幷売
捌候もの難為御制禁、近年
奥羽筋ハ専ら行候もの有之に付
今度吟味之上、夫々被遂厳科候
就而は右両国は勿論、国々厳敷
可被遂御穿鑿候条、銘々無油断
相改、自然疑敷もの有之は、早々
其筋へ可申出、品々に寄御褒美
被下、其ものより仇をなさゞる様
可被仰付候、若見聞におよび
隠置他所より顕るゝにおゐてハ
其所之もの迄も罪科に可被行候
六月
右之趣従公儀被仰出、之迄彌
領内之輩此旨堅可相守之者也
式部少輔

贋金をつくる者やそれを売りさばく者は、御禁制破りである。近年、奥羽筋には専らこれを行う者がいるので、この度、調べ上げ、それぞれ、厳しく罪を問うことになった。ついては、右の二カ国はもちろん、国々を、厳しく調査する。銘々、油断なく調べ、疑わしい者がいるなら、すぐに関係役所へ通報せよ。その内容により褒美を与える。また、その者が恨みに思って仕返しをしないように申し付ける。もし、見聞きしながら匿って、他から露見した場合、その所の者までも、罪に問われるであろう。
六月
右の趣意は公儀に従って仰せ出された。この旨を、領内の者共は、堅く守るべきものである。
式部少輔

右の二カ国…陸奥国と出羽国
式部少輔…榊原式部少輔（さかきばらしきぶしょうゆう）、江戸時代前期の老中

【高札No.3】盗賊自衛札

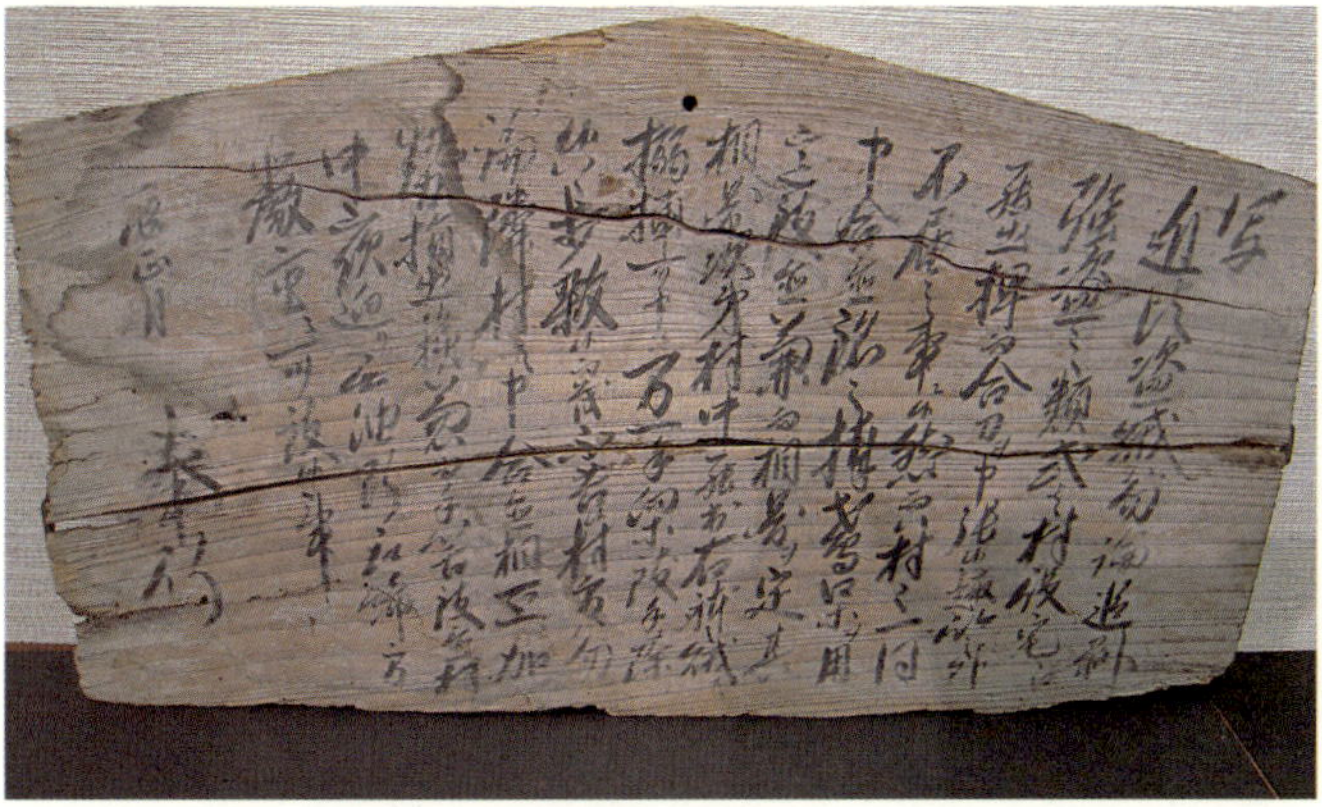

故玩館蔵

写
近頃盗賊ハ勿論、追剥
強盗ノ類或ハ村役宅江
罷出、桿而合刀（力）ヲ申張候趣、以之
外
不届之事ニ候、然而ハ村々一同
申合置、銘々棒鳶口等ヲ用
意致置、兼而相図ヲ定、其
相図次第村中罷出、右躰之賊共
搦捕可申候、万一手向等到手ニ除リ
候ハバ、打敷候而茂不苦候、村方ハ勿
論隣村共申合置、相互ニ加
勢揃出候様、兼而手筈致置、村
中夜廻り無油断戸締方
厳重ニ可致候事

辰正月　　奉行

写

近頃、盗賊はもちろん、追い剥ぎ、強盗の類、或いは村役の家へ現れ、強引に金品をせびるなど、とんでもなく不届きな事である。かくなる上は、村々一同、申し合わせをしておき、各自が棒や鳶口を用意して、あらかじめ相図を決め、その相図で村中が出て、右のような賊共を絡め捕らえよ。万一手向かいなどして手に負えないようならば、やっつけてもよい。村方はもちろん、隣村とも申し合わせ、互いに加勢に出られるよう、あらかじめ手筈をととのえておくように。また、村中を夜回りし、油断なく、戸締まりを厳重にするように。

辰正月　　奉行

この高札は、厚さ1㎝程の厚さしかなく、材質も一般の高札に較べて、堅牢ではない。元々の文字が風化で薄くなり、上に胡粉が塗ってある。その上に新たな文字が書かれている。公儀の高札ではなく、幕府に対して、村役宅等に掲げられた板札の類であろう。

【高札No.4】虚無僧取締札

故玩館蔵

近年村々江虚無僧修行之躰ニ而参り、百姓共江祢たりケ間敷儀申掛、或ハ旅宿を申付様、村役人なとへ申候故、宿取遣候得ハ、庵宅ニ而止宿離成由を申、あハれ、其場ニ居合候者共を、尺八ニ而打擲いたし、疵付候儀有之段相聞、不届之至ニ候、虚無僧修行いたし候者、志次第之施物を請、夜ニ人候ハヽ相対ニ而一宿可致筋ニ候間、以来虚無僧とも聊茂無法之筋有之候ハヽ、其村方ニ而指押、御料ハ御代官并御預り役所、私領ハ領主地頭役所江、早々召連可出、若於相背ハ、其村方可為越度者也、
右之趣、御料私領寺社領等不洩様相触、村々ニ而寫取、村々入口高札場、或ハ村役人之宅前抔江為張置可申候

正月

裏面…しもかけた□

庄屋

近年、村々へ、修行の格好をした虚無僧が現れ、百姓達に、ねだり、強請を吹っ掛けたり、旅宿を提供するよう村役人などに申し入れるので、宿を世話したところ、こんなあばら屋には泊まれないと言って、暴れ、その場に居合わせた者達を尺八で殴り、傷付けたと聞きおよぶが、全く不届きな事である。虚無僧修行の者は、志を請い、夜二人なら、相部屋で宿をとるのが筋である。したがって、虚無僧達にわずかでも無法のところがあるならば、村方にて捕り押さえ、御料は御代官、御預り役所へ、私料は地頭役所へすぐに召しつれ出すように。もし、違反した場合には、村方の落度となろう。以上の趣旨を、御料、私料、寺社領など、漏れなきように触れ、村々で写し取り、村々の高札場、或いは、村役人宅前などに張っておくように。

正月

裏面…しもかけた□

庄屋

本高札も、前掲のものと作りが似ている。高札の文面の最後にあるように、回覧板的な役割の高札である。

【高札No.5】塵芥捨等禁止札

故玩館蔵

一御触書之通
此川筋塵芥
捨累遍可ら須
一釘飛らひ裳
不可入候事

上立売通小川南入
堀之上町

裏面…天保十四年
卯月五月
建之
町役

一、御触書の通り
この川筋に
塵芥を捨てるべからず
一、釘拾いにも
入るべからず

上立売通小川南入
堀之上町

裏面：天保十四年
卯月五月
建之
町役

本札は、公儀高札や自分高札ではなく、町内で立てたものである。大変頑丈な作りで、江戸後期の京都の自治の様子を伺い知ることができる貴重な資料である。江戸時代にも、堀川が汚れ、それに対処するための高札であり、河川環境保護の先駆けといえる。

【高札No.6】柿盗人警告札

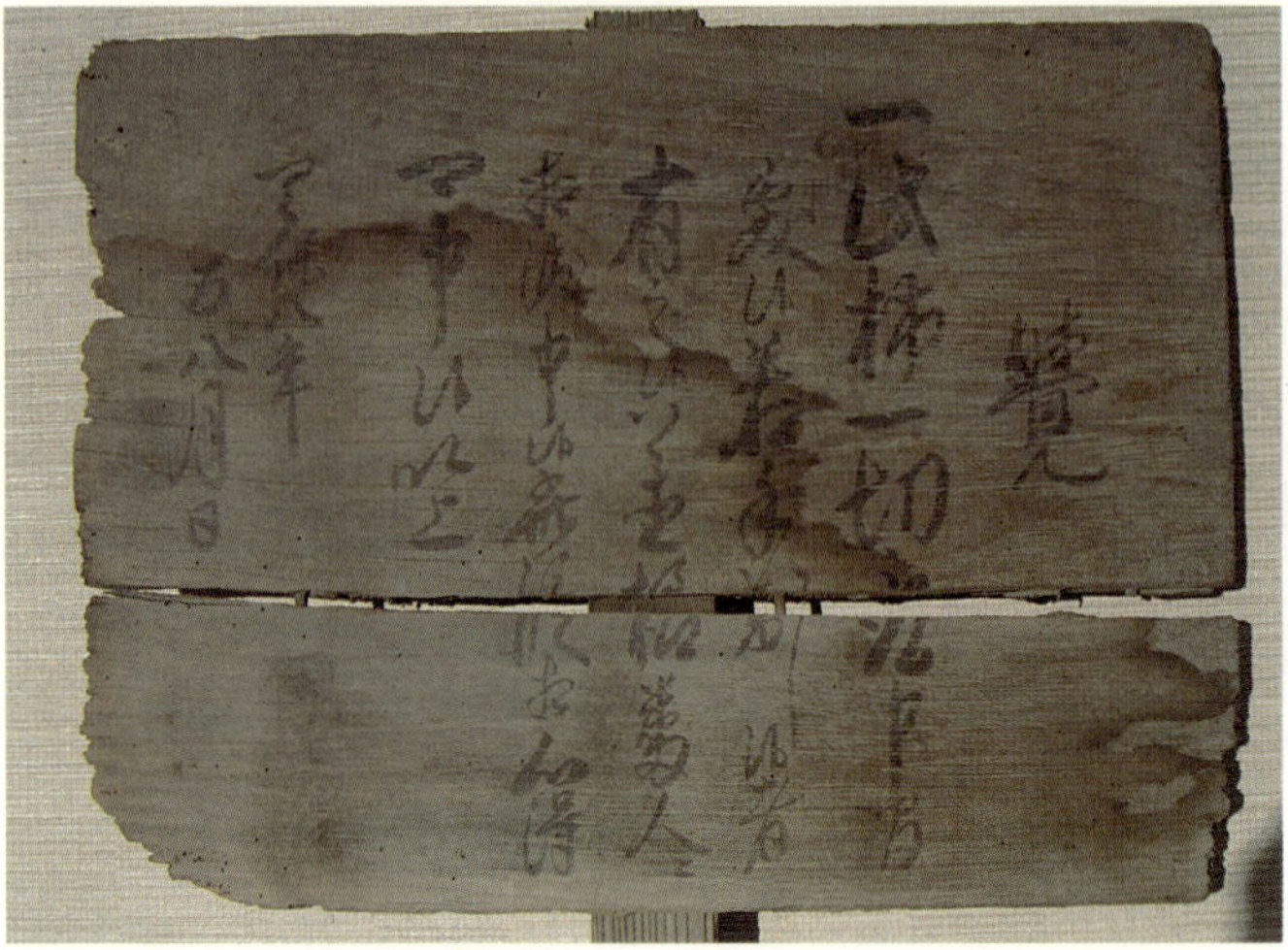

故玩館蔵

覚
一此柿一切取申間
敷候、若手出し候者
有之候ハバ、直様番人ニ
相渡し申候、此段相心得
可申候以上
天保八年
酉八月日

覚
一この柿を、一切とってはならない。
もし、手出しする者があれば、
直ちに番人に渡す。
このことをよく心得ておくように、
以上。
天保八年
酉八月日

本来の高札は、公儀高札であれ自分高札であれ、触書を出した主体（発給者）が最後に書かれている。この高札の場合、発給者が書かれていない私的な物である。しかも、板の表面をよく観察すると、非常に薄くではあるが、風化した文字が薄く浮かび上がる。正確な判読はできないが、由緒正しい書体で書かれており（南方村（安八郡神戸町南方？揖斐郡大野町南方？）と読める部分が有り、本来の高札であったと思われる。つまり、柿畑所有者が、高札板を寸借して、柿泥棒への警告を出したのだ。でも、柿を盗もうとする者が、この触書を読むだろうか。あるいは、読めるだろうか。文面の最初が、「定」ではなく、一時的な決まりである「覚」となっているのは、せめてもの良心か？

コラム

キリシタン禁制

キリスト教を敵性宗教とみなして、豊臣秀吉がバテレン（伴天連）追放令を出したのが最初で、江戸幕府も1612年禁教令を出して宣教師とキリシタン大名を追放し、さらに鎖国令を出した。また禁圧の徹底のために、民衆の戸籍を各寺に管理させる寺請制度の下、宗門改などを実施した。この間信者は弾圧され、多くの殉教者が出た。1854年鎖国は解かれたが、禁制はそのまま明治政府に引き継がれた。しかし1871年宗門改を廃止し、明治6（1873）年には禁制の高札が撤去され、キリシタン禁制は終わりを告げた。

四 維新・明治の高札

徳川幕府を倒した新政府は、国の新しい政策を、慶応4年3月に相次いで発表した。それが、五箇条の御誓文と五榜の掲示である。

五箇条の御誓文は、天皇の詔として、一方、五榜の掲示は、5枚の高札として発布した。現在、私たちが目にする高札の多くは、この五榜の掲示である。江戸時代の高札に較べて、比較的時代が若いのと掲示された期間が短かったため、高札の劣化は少なく、文字も鮮明に残っていることが多い。

■五箇条の御誓文と五榜の掲示

新政府にとって、五箇条の御誓文と五榜の掲示はセットであった。

五箇条の御誓文は、慶応4（1868）年3月14日に布告された新政府の政治方針である。

一、広ク会議ヲ興シ、万機公論ニ決スベシ
一、上下心ヲ一ニシテ、盛ニ経綸ヲ行フベシ
一、官武一途庶民ニ至ルマデ各其志ヲ遂ゲ、人心ヲシテ倦マザラシメンコトヲ要ス

一、旧来ノ陋習ヲ破リ、天地ノ公道ニ基クベシ
一、知識ヲ世界ニ求メ、大ニ皇基ヲ振起スベシ

この開明的な方針は、一般の人々ではなく、諸侯に対して示された。

五箇条の誓文が公布された翌日、慶応4（1868）年3月15日、新政府は旧幕府の高札の撤去を命じ、代わって五種の太政官高札を高札場に掲示せよとの布告を発した。

五箇条の御誓文が、国内上層部や外国向けて発信した表の看板であったのに対して、五榜の掲示は、新政府が民衆に対して最初に示した国内政策であった。

第一札五倫道徳の遵守（高札No.7）
第二札徒党強訴逃散の禁止（高札No.8、10）
第三札切支丹邪宗門の厳禁（高札No.9、10）
第四札万国公法の履行（高札No.11）
第五札郷村脱走の禁止（高札No.12）

第一札から第三札は定め書き（定三札）で、永年の掲示とし、第四札、第五札は、覚書で、一時的な公示（覚二札）であった。

■五榜の掲示の本質

五榜の掲示は、新政府が出した初めての民衆政策であったが、その内容は新しいものではなかった。５枚の高札の内、第四札で、万国法を守り、外国人に危害を加えないことを述べてはいるが、他の４枚の高札は、江戸時代と類似のものであったのだ。第一札では、儒教における五つの基本的な人間関係である五倫を正しくすることや殺人・放火・盗みなどの禁止、第二札は徒党強訴逃散禁止など集団の力を利用して事を起すことの禁止、第三札切支丹邪宗門の厳禁、第五札郷村脱走の禁止（浮浪の禁止）など、五箇条の御誓文とは対照的に、全体として、江戸時代の民衆政策を踏襲していた。しかも、密告制度まで引き継いでいた。

このうち、第三札切支丹邪宗門の厳禁に対しては、諸外国から強い反発が起こった。そこで、公布のわずか20日ほどで、新政府は第三札の表現を変え、「切支丹邪宗門の禁止」の語句を、「切支丹の禁止」と「邪宗門の禁止」の二つに分け、非難をかわそうとした。しかし、その後も、諸外国からの抗議は続き、印刷技術の発達ともあいまって、明治６（１８７３）年2月24日、高札制度そのものが廃止された。

五榜の掲示は、太政官名で発給された。太政官とは、慶応４（１８６８）年３月に設置され、明治18（１８８５）年12月に内閣制度が創設されるまで、一七年間存続した最高行政官庁のことである。新政府は、王政復古をとなえ、かつての律令制度にならい、太政官制度を復活させたのである。太政官制の下、五榜の掲示など各種法令発布や太政官札の発行など、あらゆる行政分野において、多数の施策が行われた。

なお、明治と改元されたのは、慶応4年9月8日である。したがって、これ以降、太政官は、明治政府を指す。

明治という時代を反映して、五榜の掲示をめぐる情勢は、発布から撤去までの六年間にめまぐるしく変化した。主なものは、次の4つの布告によるものである。

1. 五榜の掲示発布

慶応4年3月15日

『諸国旧来ノ高札ヲ除却シ定三札覚二札ヲ掲示ス』

太政官布告 第百五十八号

2. 第二札切支丹禁止の改訂

慶応4年閏4月4日

『切支丹宗門及ヒ邪宗門禁止ノ制札ヲ改ム』

太政官布告　第二百七十九号

3. 第五札郷村脱走禁止札の撤去

明治4年10月4日

『戊辰三月掲示ノ高札中第五札ヲ取除カシム』

太政官布告 第五百十六号

4．五榜の掲示の撤去（高札制度の廃止）

明治6年2月24日

『府縣へ　布告発令毎ニ三十日間便宜ノ地ニ掲示シ並ニ従来ノ高札ヲ取除カシム』

太政官布告 第六八号

■五榜の掲示の発布

慶応4年3月15日に出された太政官布告（第百五十八号）は、五榜の掲示の掲示について詳細な指示を行っている。

「諸国ノ高札是迄ノ分一切取除ケイタシ別紙ノ條々改テ掲示　被仰付候自然風雨ノタメ字章等塗滅候節ハ速ニ取替可申事

但定三札ハ永年掲示被　仰付候覚札ノ儀ハ時々ノ御布令ニ付追テ取除ノ　御沙汰可有之尚御布令ノ儀有之候節ハ覚札ヲ掲示可被　仰付候ニ付速ニ相掲偏境ニ至ルマテ　朝廷御沙汰筋ノ儀拝承候様可被相心得候事追テ　王政御一新後掲示ニ相成候分ハ定三札ノ後へ

當分掲示致置可申候事

三月

（別紙）

第一札

定

一人タルモノ五倫ノ道ヲ正シクスヘキ事

・・・・・・・・・

・・・・・・・・・

（以下、第一～第五札の文面が続く）」

「これまでの高札をすべて取り除き、別紙の5種類の札を掲示し、風雨で摩耗して読みづらくなったらすぐに取り替えよ」と指示を出している。永年の定札と一時的な覚札についても細かな指示を出し、別紙文も含めれば、法令としては異例の長文である。五榜の掲示にかける新政府の意気込みが伺える。

布告の出されたのは、慶応4年3月15日であるが、それが各藩にどのようにして通達され、どれくらいの期間を経て五榜の掲示の高札が各高札場に掲げられたかは明らかではない（文7）。当時の混乱した状況もあって、かなりの期間を要したのではないだろうか。いずれにしても、3月15日に、全国で一斉に掲げられたわけではない。また、高札板に墨守した人物もわかってはいない。

布告の別紙部分、即ち、五榜の掲示一札〜五札は、漢字とカナで書かれている。一方、現在、残された高札を見てみると、本文そのものは布告文面と違わないが、カナの部分については、カナ、かな、変体仮名が混じって使われ、その使われ形も高札によってまちまちである。高札の書き手は不明だが、書き方の自由度はある程度あったようだ。

■切支丹札の改訂

最初に発布された第三札切支丹禁止に対して、20日もたたないうちに、改訂の布告が出された。

「一切支丹邪宗門ノ儀ハ堅ク御制禁タリ若不審ナル者有之ハ其筋之役所へ可申出御褒美可被下事

慶應四年三月　　太政官」

この文面が、次のように変更されたのである。

「一切支丹宗門之儀ハ是迄御制禁之通固ク可相守事

一邪宗門之儀ハ固ク禁止候事

慶應四年三月　　太政官」

その理由は、次のようである。

「**先般御布令有之候切支丹宗門ハ年来固ク御制禁ニ有之候處其外邪宗門之儀モ總テ固ク被禁候ニ付テハ混淆イタシ心得違有之候テハ不宜候ニ付此度別紙之通被相改候條早々制札調替可有掲示候事**」

「キリスト教はこれまで禁制であったが、同時に邪宗も禁止であったので、両者が混同され間違いが起こるといけないので文面を訂正する」というのである。そこで、「切支丹邪宗門」を「切支丹」と「邪宗門」の二つに分けて、それぞれが禁止だとの表現に変更したのだ。しかし、実質的には同じ内容だったので、これで諸外国からの非難がおさまるはずはなかった。

故玩館は、両方の切支丹札（高札No.9、10）を所蔵している。現在各地に所蔵されている五榜の掲示第三札切支丹禁止のほとんどは、改訂された文面の高札（No.9）である。それに対して、故玩館の高札No.10は、改訂前の切支丹札で、大変稀少である。さらに、この高札の発給日は、慶応四年三月ではなく、明治元年三月となっている。したがって、この高札が書かれたのは、明治に改元した9月8日以降であることがわかる。改訂の布告が出てから相当日時が経過しているが、なぜ、改訂前の文面を使ったか、不明である。なお、発給時として、明治元年三月は存在しえない。墨書きした人物は、無頓着に使っているけれども、この表記は誤りである。

■第五札の撤去

明治4年10月8日、第五覚札は、突然撤去された。その時の太政官布告には、

「去ル戊辰三月中掲示候高札之内第五覚札自今可取除事」

とあり、「高札を除去せよ」と言うだけで、その理由は何も述べられていない。

おそらく、明治2年6月17日の版籍奉還を経て、明治4年7月14日には廃藩置県がなされており、幕藩時代の郷士脱走の禁止令は、もはや意味をもたなくなってきたからだろう。なお、岐阜縣の発足は、明治4年7月14日（笠松縣は慶応4年5月13日）である。

この第五札は、王政復古をとなえる新政府が出したものであるが、王政復古の理念と藩政に依拠した郷士脱走禁止令とは、もともと相容れないものであった。高札では、脱国禁止の理由を、「天下浮浪の者がうろつくと平和な世が乱れる」と苦しい理由付けをしている。その一方で、「新時代に入ったので、前向きに生きようとする者には、提言

を聞き入れ、出国を認める」とも言っている。さらにその後に、「浮浪者を雇った者は処罰する」と述べている。

このように、第五札の内容自体が、行きつ戻りつを繰り返す矛盾に満ちた妥協の産物であり、このまま掲示を続けることは、いずれにしろ難しかっただろう。

■高札制度の廃止

明治6年2月24日、太政官布告 第六八号で、次のような布告が府県に向けて発令された。

「布告発令毎ニ三十日間便宜ノ地ニ掲示シ並ニ従来ノ高札ヲ取除カシム」

これによって、徳川幕府以来300年以上続いた高札制度は終わった。しかも、五榜の掲示発布時の意気込みとは異なり、ひっそりと、むしろ、こっそりと終えた感がある。

布告の文面は次の通りである。

「自今諸布告御発令毎ニ人民熟知ノ為メ凡三十日間便宜ノ地ニ於テ令掲示候事
但管下ヘ布達ノ儀ハ是迄ノ通可取計従来高札面ノ儀ハ一般熟知ノ事ニ付向後取除キ可申事」

高札を撤去する理由を、「一般熟知ノ事ニ付」としている。「切支丹厳禁を含め、高札の内容が一般民衆に周知されたから撤去する」というのである。強弁、詭弁の類と言われても仕方がない。言外には、撤去しても五榜の掲示の精神は生きている、との考えもあったのだろうか。

高札制度廃止の理由は、もちろん、「一般熟知」のためではない。切支丹禁制などに対する諸外国の反発や印刷技術の発達などが考えられるが、外国からの反発が一番大きな理由だろう。

■高札と高札場の行方

高札制度廃止後の状況は如何であったろうか。

明治6年2月末に、高札撤去の太政官布告が出た翌月、各縣令は高札撤去の布達を出したが、それらは統一されたものではなかった。高札や高札場の処置について、明治政府から明確な指示がなかったからだろう。

岐阜縣の場合、次の布達を出している。

明治六年三月（日付無し）岐阜県令布達第三十一号

「掲示高札取除キ右跡へ御布告並達書類ヲ掲示セシム」

「五榜の掲示を取り除き、その後の高札場には、布告や布達などを掲示せよ」とある。

一方、栃木縣では、全く異なった対応を指示している（資料３）。

明治六年三月（日付無し）栃木縣令布達第三三号

「先般諸御布告書掲示其外之儀ニ付御達有之候就テハ左之通可相心得事

一各村町宿ニ有之従来ノ高札場ハ自今張出場ト可相心得事

但是迄高札場脇ヘ別ニ張出場ヲ拵ヘ有之文取除候儀ハ可勝手事

一是迄ノ高札取除候上ハ戸長副立合ノ上一切可致焼却事

但焼却致シ候上ハ其段可届出事

・・・・・・・以下略・・・」

「これまでの高札は、戸長、副戸長立ち会いの下で、すべて焼却せよ」というのだ。

資料３

明治六年三月栃木縣令布達第三三号

故玩館蔵

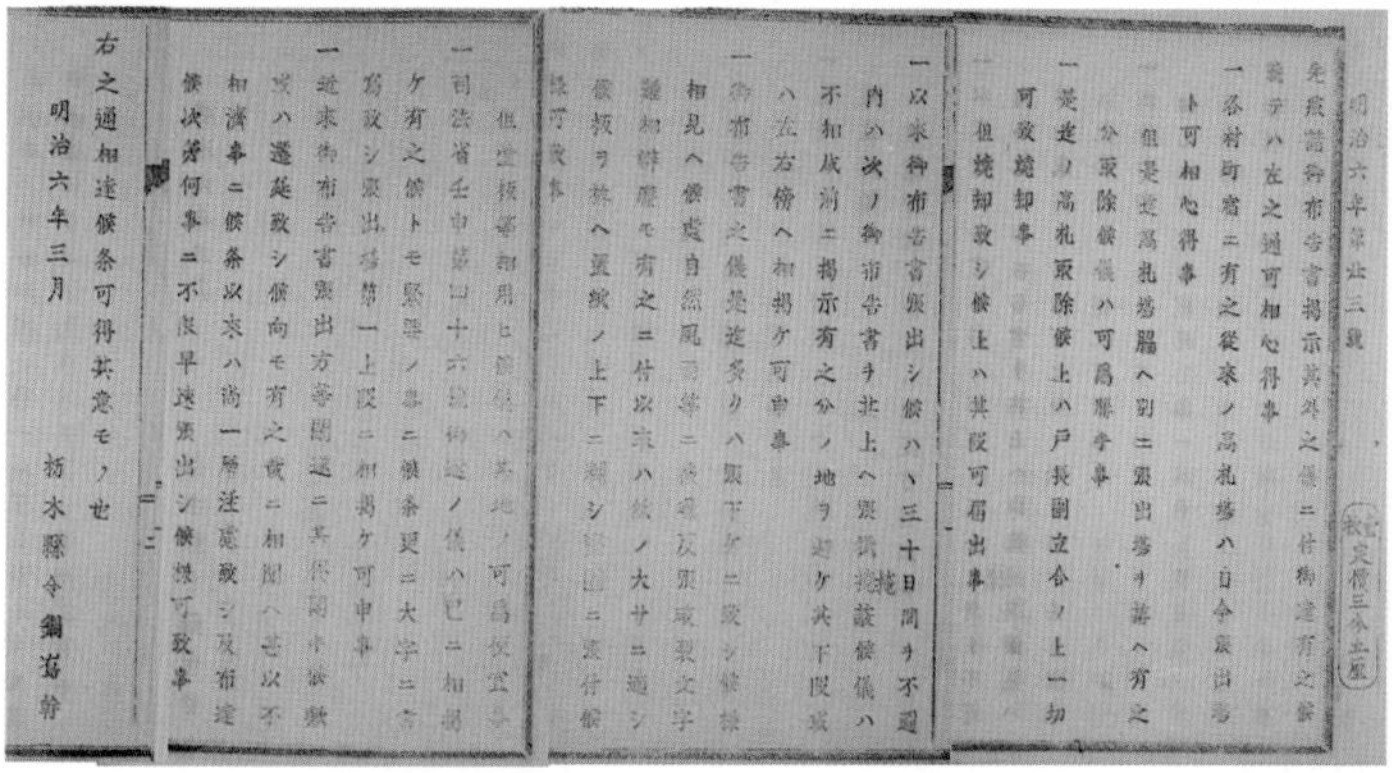
明治六年第卅三號
先般諸御布告書掲示其外之儀ニ付御達有之候
就テハ左之通可相心得事
一各村町宿ニ有之従来ノ高札場ハ自今張出場
ト可相心得事
一 但是迄高札場脇ヘ別ニ張出場ヲ拵ヘ有之
分取除候儀ハ可爲勝手事
一是迄ノ高札取除候上ハ戸長副立合ノ上一切
可致焼却事
一 但焼却致シ候上ハ其段可届出事
一以来御布告書張出シ候ハヽ三十日間ヲ不過
内ハ[illegible]
不相成[illegible]
ハ左右傍ヘ相掲ケ可申事
一御布告書之儀[illegible]
[illegible]
様可致事
但[illegible]
一司法省壬申第四十六號御達ノ儀ハ已ニ相掲
ケ有之候トモ緊要ノ事ニ候条更ニ大字ニ相
寫致シ張出場第一上段ニ相掲ケ可申事
一従来御布告書張出方等閑ニ[illegible]
[illegible]
[illegible]
[illegible]
右之通相達候条可得其意モノ也
明治六年三月　栃木縣令鍋島幹

しかも、「焼却したら、届け出よ」とまで述べている。このように2つの県の対応には、非常に大きな違いがあるが、その理由は明らかではない。

両県ともに共通しているのは、高札場の処置についてである。従来の高札場を壊すのではなく、各種掲示物を張り出す場所として活用するのである。

しかし、高札場は次第に使われなくなり、やがて壊されて、現存する物はほとんどない。その理由は、街道筋の一等地に設置された高札場が、その後の交通の発達により、次第にじゃまになってきたからだろう。

また、明治6年3月5日の司法省布達第27号により、諸令は、地方裁判所前、戸長宅前、県庁門前前などに掲示することになった事も高札場の使用が次第に減っていった理由に上げられよう。

■五榜の掲示の比較

故玩館所蔵の高札14枚の内、6枚が五榜の掲示である。裏書きの地名から判断して、第二札（高札№8）、第三札（高札№9）、第二・第三合併札（高札№10）、第四札（高札№11）の4枚は、岐阜県内に掲示された高札である。

そして、筆致からすると、この内の3枚は、同一人物（役人？）によって書かれたと推定される。第二札徒党の禁止は大野郡政田村、第三札切支丹禁制は山縣郡古市場村、第四札万国公法遵守は大野郡更地村に掲示された。さらに、これらの高札は、笠松県が第二発給主体となった高札（文8）とほぼ同一の書体で書かれている。

これらの高札を比較してみると、笠松縣を含めた美濃地方の中東部各村の高札は、同一の人物が書いたことがわかる。これまで、五榜の掲示は、誰が書いたか不明であったが、これによって、一定の地域を、一人の人物が受け持って、墨書きしたことがわかる。

一方、第二札、第三札を合併した高札（高札No.10）は郡上郡弓懸村の品で、墨書した人物は前3枚とは異なる。

なお、五榜の掲示は、五種類別々に作成、掲示するのが原則である。ところが、高札No.10は、2種の異なる高札を合併した物であり、五榜の掲示の趣旨に反した例外的な物といえる。

第四札万国法遵守（高札No.11）の第2発給者は岐阜県であるが、岐阜県が発足したのは明治4年11月の府県廃合によってであり、この高札はそれ以降に作成された物であることがわかる。したがって、掲示期間は、最長でも1年位である。この高札は真新しい状態を保っており、おそらく、戸外に掲示されることなく、保存されていたと考えられる。

■生産会所の掟札

生産所（生産会所）とは、明治初期、殖産振興を目的として設けられた金融機関であるが、詳しい事はわかっていない。明治元年11月頃から、日田、大阪、函館などに設立され、当初は、質屋と両替商を兼ねた組織であった。生産所質貸掟高札（高札№13）は、この質貸しの掟を記したものである。

生産所は後に、太政官札を用いた金融業も担うこととなった。太政官札は、日本初の全国に通用する紙幣である。新政府は、戊辰戦争による財政難の解決と産業振興を目的として、慶応4年4月、通用期限13年の太政官札を発行した。しかし、それまでの藩札に対して、金銀銭との交換を保証しない不換紙幣に人々が慣れていない事に加え、政府への信用がまだ十分でなかったため、流通は困難を極めた。そこで、政府は生産所に太政官札を融資し、その運用を行わせた。生産所は、一般へ貸し付けを行い、利子をとる銀行業も行ったのである。

しかし、明治15（1882）年の「日本銀行条例」などの制定により、円を通貨とする新しい貨幣制度が定着し、太政官札の使命が終わるとともに、生産所もその役割を終えた。

この生産所板札（高札№13）には、「掟」とあるが、いわゆる高札ではない。屋外に掲示された形跡はなく、おそらく生産所内に掲げられていたのだろう。書かれている事柄も、生産所の会員向けの決まりであり、質貸し業が、円滑に行われるようルールを定め、会員に周知徹底するためのものであったと考えられる。

この板札には、地名など手がかりになるものはない。しかし、品物の出所からすると、岐阜県内の物と考えられる。しかも、生産所は全国にそれほど数多く作られたわけではない。生産所に関する正確な資料やデータはないが、岐阜県では、加納藩が設置した長刀堀生産所が唯一知られている（文9）。

■維新・明治の高札7枚

【高札No.7】
五傍の掲示第一札
五輪之道遵守

故玩館蔵

定

一人多類もの五倫之道を正敷寿偏き事
一鰥寡孤独癈疾之ものを憫むへき事
一人を殺家を焼財を盗む等之悪業阿るましく事

慶応四年
三月　大政官

定

一人は、五倫の道を正しくすべきである。
一身よりのない人や体の不自由な人を憫みなさい。
一人を殺し、家を焼き、財産を盗む等の悪業を決して行ってはならない。

慶応四年
三月　太政官

五倫の道…儒教が説く人の守るべき5つの徳目。父子の親、君臣の義、夫婦の別、長幼の序、朋友の信。親、義、別、序、信を五教、五典、五常などとも言う。
鰥寡孤独…身よりのないひと。
癈疾…身体に障害のあるひと。

いずれも、律令制度下で、援護、救済の対象となった。これにならって、王政復古の明治政府は、明治7年、太政官布「恤救規則」で類似の救済制度を制定した。

この高札は、正徳元年の忠孝札に相当するが、3項目では、火付け、人殺し、窃盗の禁止を述べていて、正徳元年の火付け札も合わせたものといえよう。

発給主体は、大政官となっている。一般には、太政官と書かれる事が多いが、その違いは諸説あり、定かではない。

【高札No.8】五傍の掲示第二札
徒党強訴逃散禁止

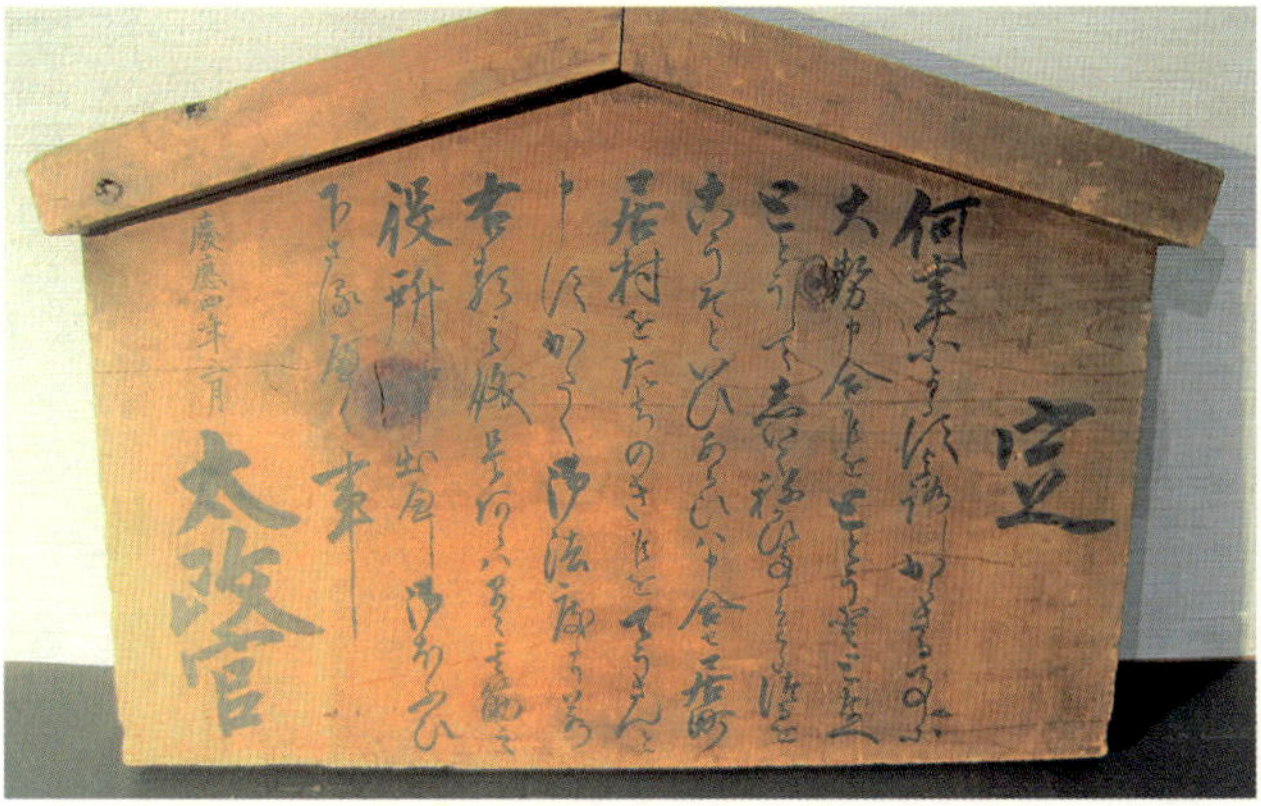

故玩館蔵

定

何事によら須よ路しからさる事に
大勢申合候をととう登となへ
ととうして志いて祢可ひ事く王たつるを
古うそといひ、あるいハ申合セ、居町
居村をたちのき候をてうさんと
申須、かたく御法度たり、若
右類の儀是阿らハ早々其筋之
役所江申出遍し、御ほふひ
下さ縲遍く事

慶応四年三月　太政官

（裏面）大野郡政田村

定

何事によらず、良くない事を企み大勢が申し合わせることを徒党と言い、徒党して、強引に願い事を企てることを強訴という。また、示し合わせて居町居村を脱走することを逃散といい、これらはいずれも厳禁である。右の類のことがあれば、すぐさまその筋の役所に通報せよ。ご褒美を下さるだろう。

慶応四年三月　太政官

（裏面）大野郡政田村
（現、本巣市政田）

この高札は、正徳四年の徒党札に対応する。但し、報賞金についての具体的記述はない。当時、新政府は極度の財政難にあり、新紙幣（太政官札）の発行と流通の見通しも不明確だったためだろう。

【高札No.9】五傍の掲示第三札 切支丹邪宗門禁止

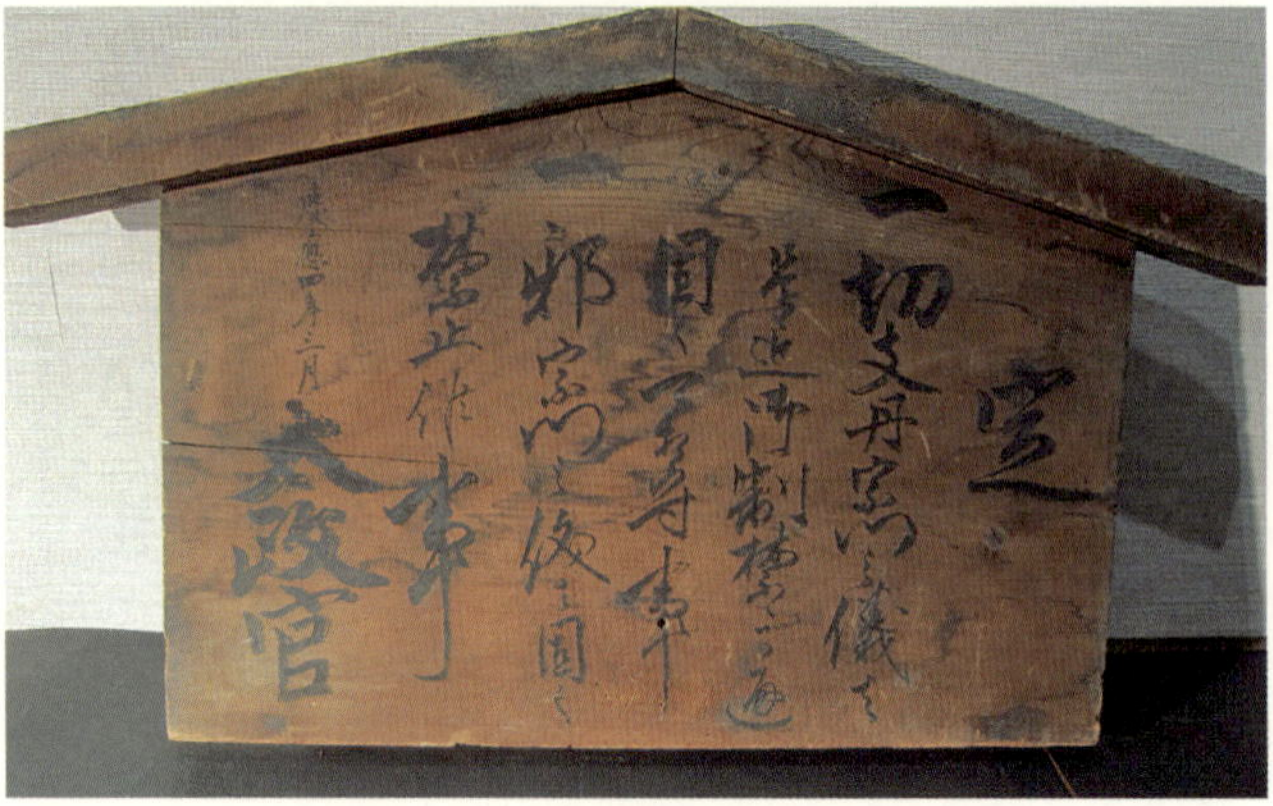

故玩館蔵

定

一切支丹宗門之儀者
是迄御制禁之通
固く可相守事
一邪宗門之儀者固く
禁止候事

慶応四年三月　太政官

（裏面）　山縣郡
古市場村

定

一キリスト教は
ずっと禁制であり、
今後もこれまで通り
堅く守るべきである。
一邪教は堅く
禁止である。

慶応四年三月　太政官

（裏面）　山縣郡
古市場村
（現、岐阜市古市場）

この高札は、正徳元年五月の切支丹札に相当する。新政府になっても、キリシタン政策は変わらなかったが、高札の表現はずっと簡素であり、密告の推奨や報賞金の記述はない。また、匿った場合の罰則などもかかれていない。

【高札No.10】五傍の掲示　第二、第三札合札

故玩館蔵

（第二札）

定

何事によら寿よ路しからざる事に大勢申合候をととう登となへととうして志いて祢がひ事く王だ法る越古うそといひあるひハ申合せ居町居村を立のき候をてうさんと申す堅く御法度たり若右類之儀これあらバ早々其筋の役所江申出遍し御ほうび下さる遍く事

慶応四辰年三月　太政官

（第三札）

定

き里したん邪宗門之儀者堅御制禁たり若不審なるもの有之バ其筋之役所江申出べし御ほうび下さるべく事

慶応辰四年三月　太政官

（裏面）　弓懸村（現、下呂市弓懸）

定

何事によらず、良くない事を企み大勢が申し合わせることを徒党と言い、徒党して、強引に願い事を企てることを強訴という。また、示し合わせて居町居村を脱走することを逃散といい、これらはいずれも厳禁である。右の類のことがあれ、すぐさま関係する役所に通報せよ。ご褒美を下さるだろう。

慶応四辰年三月　太政官

定

キリスト邪教は堅く禁止されている。もし、怪しい者を見つけたら、その筋　の役所に届け出よ。ご褒美を下さるであろう。

慶応四年三月　太政官

この高札は、五榜の掲示の第2札と第3札が合体した物だ。後半の第3札は、前掲の第3高札と異なり、文章が2つに分かれていない。この高札は、慶応4年3月15日以降に出された物であり、前の高札No.9は、同年4月4日に改訂されたものである。諸外国からの反発を受け、新政府は、わずか20日たらずで、「切支丹邪宗門禁制」を「切支丹禁制」と「邪宗門禁制」とに分けて、批判をかわそうとしたのである。また、本高札は、第2，第3札を一枚の板に書き記しているが、五傍の掲示とは、五枚の制札のことであるから、この高札は、本来の趣旨に反している。

【高札No.11】五傍の掲示第四札　万国公法遵守

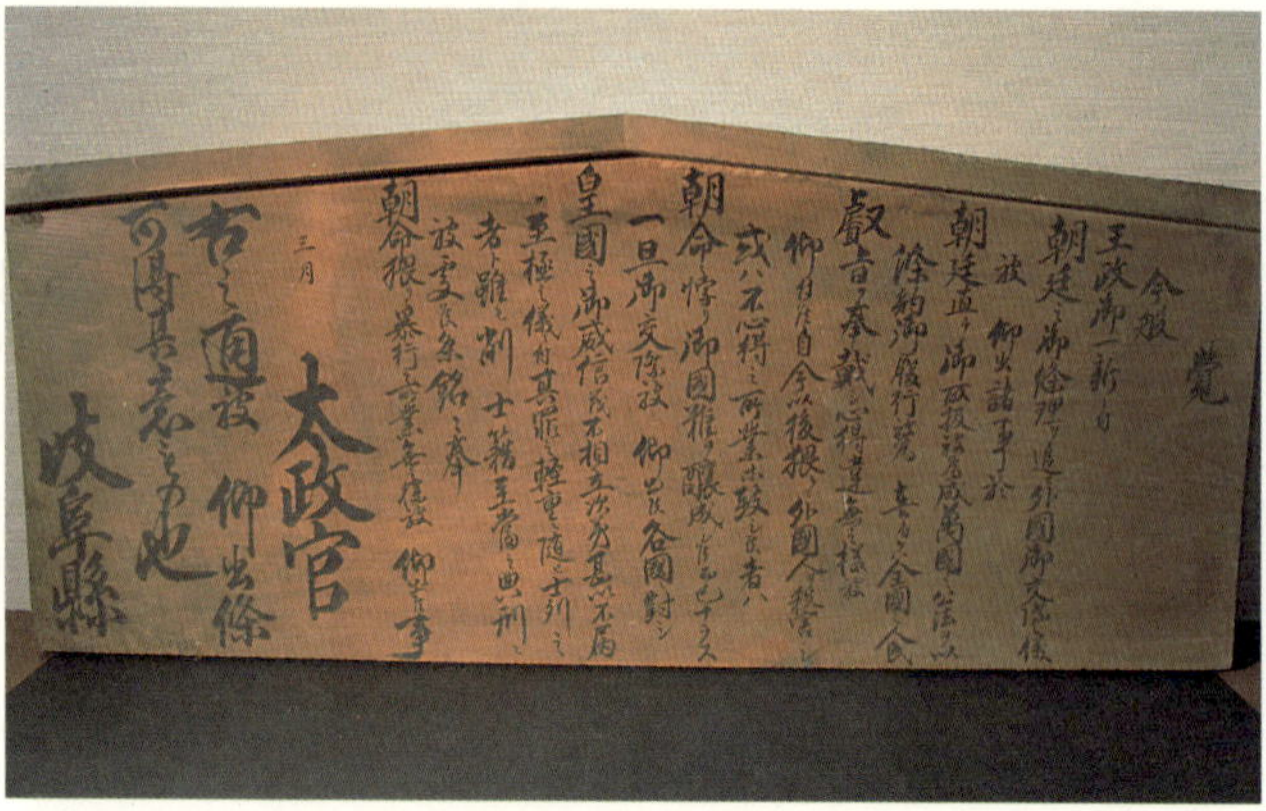

故玩館蔵

覚

今般
王政御一新ニ付
朝廷之御條理ヲ追ヒ外國御交際之儀
被　仰出、諸事於
朝廷直チニ御取扱被為成、萬國之公法ヲ以
條約御履行被為　在候ニ付テハ、全國之人民
叡旨ヲ奉戴シ心得違無之様被
仰付候、自今以後猥リニ外國人ヲ殺害シ
或ハ不心得ノ所業等致シ候者ハ
朝命ニ悖リ、御國難ヲ醸成シ候而已ナラス
一旦御交際被　仰出候各國ニ對シ
皇國之御威信茂不相立次第甚以不届
至極之儀ニ付、其罪之軽重ニ随ヒ士列之
者ト雖モ削士籍到當之典刑ニ
被処候条銘々奉
猥リニ暴行之所業無之様被　仰出候事
三月　　太政官
右之通被　仰出候
可得其意もの也
岐阜縣

（裏面）大野郡更地村
（現、本巣町更地）

覚

この度、王政御一新となったからには、朝廷の御道筋に従い、外国と交際していくことと相成った。朝廷は、直ちに、諸々の事柄を処理なされ、万国公法に従い条約を履行なされるので、全国の人民は、天子の御意向を謹んで奉り、心得違いの無いよう心得よ。これからは、みだりに外国人を殺害したり、悪行をなした者は、朝命に背き、国に災難をもたらすこととなる。一度、御交際を仰せ出された各国に対して、皇国の御威信も崩れることとなり、はなはだ不届き至極であるので、その罪の軽重により、士族の者であっても、士籍削除の刑に処せられる事を、銘々心得おき、みだりに暴行の所業をなさぬよう心得よ。

三月　　太政官

右の朝命の趣意をよくわきまえておくように。

岐阜県

この「覚」そのものの発布者は太政官であるが、岐阜県が第2発給主体となっているので、明治4年11月岐阜県発足以降に作成された物であることがわかる。また、ほとんど外部に掲示された形跡がなく、真新しさを保っている。

【高札No.12】五傍の掲示第五札
郷村脱走禁止

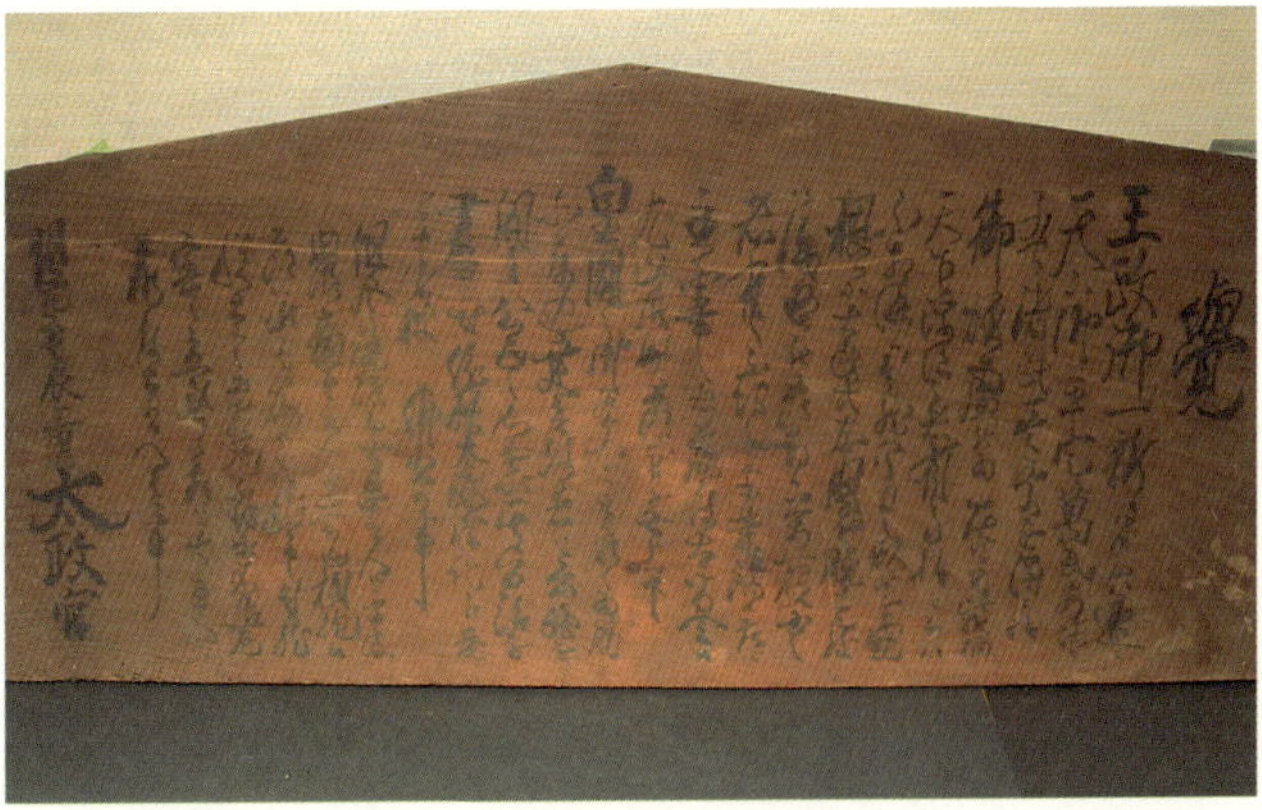

故玩館蔵

覚

王政御一新ニ付而ハ速ニ
天下御平定萬民安堵ニ
至リ、諸民其處を得候様
御煩慮被為　在候ニ付、此折柄
天下浮浪之者有之候様ニ而ハ
不相済、自然今日之形勢ヲ窺
猥らに士民共本国を脱走致
候儀堅被差留候、萬一脱国之
者有之不埒之所業致候節ハ
主宰之者落度太留へく候
尤此御時節ニ付無上下
皇国之御為又ハ主家之為筋
等存込建言致候者ハ、言路を
開き公正之心を以其旨趣を
盡させ、依願太政官代江茂
可申出被　仰出候事
　但今後総而士奉公人ハ不申及
農商奉公人ニ至る迄相抱候
節ハ出処篤登相糺可申自然
脱走之者相抱不埒出来御厄
害ニ立到リ候節ハ其主人之
落度太留へく候事

明治元年三月　　太政官

（裏面）　下組分

　　　下松倉村

覚

王政御一新であるので、速やかに、天下は平定され、万民が安心して暮らせるようになった。そのことを、よくわきまえるよう思い煩っておられる。ついては、この時節、天下浮浪の者がうろつくようではならぬ。今日の形勢を窺い、士民達が勝手に本国（郷土）を脱走することは堅く禁じられている。万一、脱国を致す不埒者がいた場合は、主宰者の落ち度となるであろう。

ただ、この御時節であるので、身分の上下に関係なく、皇国の為や主家の為などに建言を行う者は、その提言を採る道を開き、公正な立場で、その考えを聞き、郷土出国の願い出を、太政官（役所）へ、申し出ることができる。

ただし、今後、武士の奉公人はもちろん、農民、商人の奉公人に至るまで、すべて雇用を行う時は、出身地をしっかりと調べよ。もし、脱郷者を雇い、とんでもない事態に至った場合には、雇用主の罪となろう。

明治元年三月　　太政官

【高札No.13】質貸掟板札

故玩館蔵

掟

一質貸之儀者品々出所を相糺し可申ハ
勿論無據手詰り候処よ里質物持参
致し候事ニ候得ハ正路之取引専一之事
一不正之所常々恵念致し居訝ケ敷
相見候ハヾ取押置可訴出事
附不正之品と心付預り置候ハヾ鑑札
取上咎可申付事
一無鑑札ニ而質貸致し候ハヾ見聞次
第可訴事
一質貸六ケ月限之事
一仲間之内組々ニ而年行司役両人
相立毎年七月参会之上不正路之
取扱等無之哉堅取締可致不用
者ハ鑑札取上可申事
明治三庚午年
十月　生産所

（裏面）
一鑑札譲引之節年行司
押印之事
表書之通相改申渡候條々
添以相守可申者也

掟

一質貸しについては、品物の出所を調べるべきことはもちろん、拠り所無く、金に困窮した所から品物を持参した場合、正しい方法での取引に力を注ぐこと。

一不正の所を常々気にかけておき、不審な物を見た場合には差し押さえて、通報すべきこと。

附、不正の品と気づきながら預かり置いたばあい、鑑札を取り上げること。

一無鑑札で質貸しを行っているのを見聞きしたら、直ちに通報すること。

一質貸しは、六ケ月に限ること。

一仲間の内、組々で年行司を一人立て、毎年七月に集会をもって、不正な取引等がなかったかを厳しく調べ、不届き者は、鑑札を取り上げること。

明治三庚午年
十月　生産所

（裏面）

一鑑札を譲り渡すときは、年行司が印を押すこと。

表書きの通り改め、申し渡す事柄を守るべきものである。


生産所（生産会所）とは、明治初期、新貨幣、太政官札の流通による殖産振興を目指した新政府が、地域の有力者に働きかけて設立した一種の金融機関で、当初は、質貸しと両替、後に融資も行ったが、二〇年足らずでその役割を終えた。しかし、その実態は、よく分かっていない。

コラム

町おこしの「高札場」

街道沿いにあったかつての高札場を、町おこしの一環として復元している市町村がいくつかある。その昔、高札場は大きく威厳があった。ところが現代では巨大なものを築く場所がないのがその理由らしいが、縮小されたり、かつての場所から移動して建てられているものが多い。岐阜県内の復元された高札を紹介する。

中津川宿高札場　（中津川市）

宿場の東の入り口に当たる茶屋坂に再現された。江戸時代は約 40 メートル隔てた道路北側に建てられていた。

大井宿高札場　（恵那市）

五妙坂に当時の四分の三に縮小して再現された。本来はこの坂の上にあった。

鵜沼宿高札場　（各務原市）

江戸時代は、東の見附と天王社（現・赤坂神社）の間に南向きに建てられていた。

美江寺宿高札場　（瑞穂市）

美江寺神社境内に再現された。江戸時代は美江寺神社前に南向きに建てられていた。

五 よみがえった高札場 ～垂井宿～

■江戸時代の垂井宿

中山道垂井宿は、日本橋から57番目の宿である。名古屋から大垣を経る美濃路の起点でもあり、中山道と東海道を結ぶ交通の要所であった。江戸後期には、本陣、脇本陣、旅宿27軒、総家数315軒の規模を誇り、美濃一宮（南宮大社）参拝の人々も含め、多くの旅人で賑わった。江戸時代から連綿として行われてきた垂井曳軸祭りでは、安永

← 関ヶ原宿

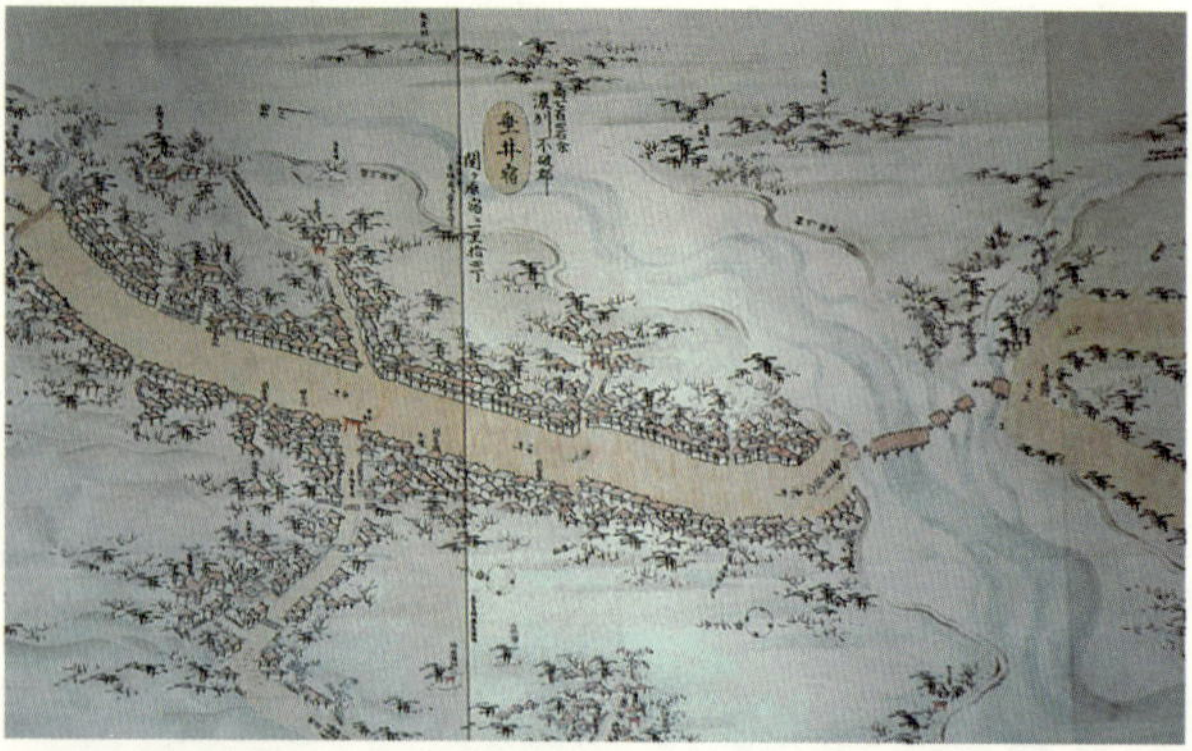

→ 赤坂宿

美濃路

江戸時代の中山道垂井宿（『中山道分間延絵図』（文化３（1806）年頃）（文 10））

垂井宿中心部拡大図

年間創始と伝えられる子供歌舞伎が演じられ、壮麗な３台の軸とともに、往時の垂井宿の繁栄を今に伝えている。

『中山道分間延絵図』は、江戸時代後期に、幕府が諸街道の状況を把握するため、道中奉行に命じて作成した五街道其外分間延絵図の一部である。絵図作成は、寛政年間に開始され、文化３（１８０６）年に完成した。

これらは、絵図であるが非常に正確である。家の数、配置はもとより、道路、橋から木々、藪などにいたるまで、当時の状況が詳細に記録されている。

絵図に従って、垂井宿を東から西へと辿ってみよう。

中山道と美濃路の追分けを過ぎ、相川を渡ると、垂井宿に入る。中山道のはるか南には、南宮大社がある。

垂井宿の中心部には、南宮大社の石鳥居、本陣、脇本陣、問屋場などが描かれている。高札場は、道の北側、芭蕉が逗留した事で知られる名

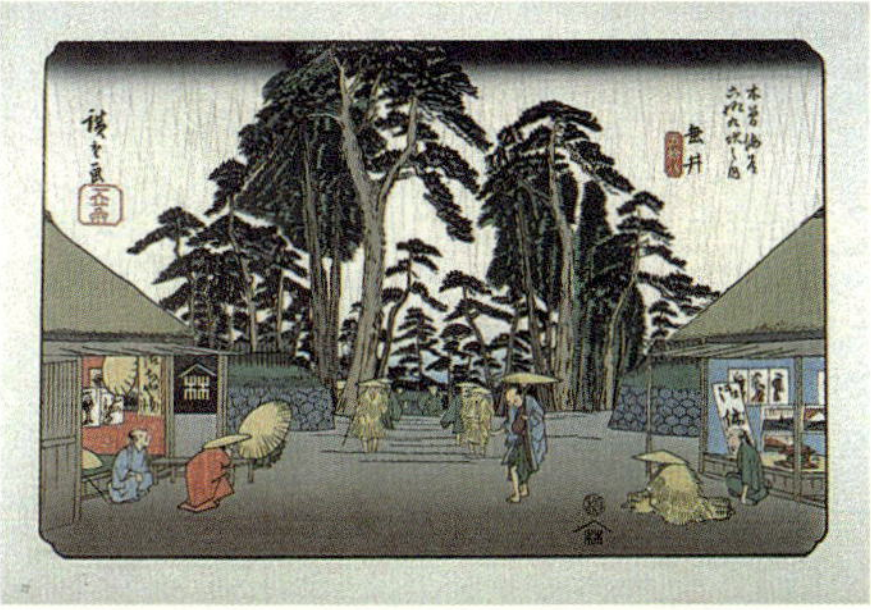

江戸時代の中山道垂井宿（天保 10 年頃、復刻版）
（安藤広重「木曽街道六十九次之内垂井」）

現在の垂井宿（西の見附け付近）

刹、本龍寺前に設置されている。絵図には、「高札」の文字で示されている。街道の両側には家がびっしり建っているが、家並みの間、所々に細い道が通っている。野道と書かれた道もある。この細い道が、後に述べるように、垂井宿の過去、現在、未来を結ぶ非常に重要なものであったのだ。

現在の垂井宿は、今も往時の雰囲気をとどめている。広重が浮世絵に描いた中山道垂井宿、同じ場所を現在訪れてみると、その事がよくわかる。広重が描いた垂井宿西の見附けの辺りは、街道両脇の松並木はなくなったけれども、町のたたずまいは、当時の垂井をしのばせている。

■垂井は泉の町

中山道の浮世絵には、英泉・広重による木曽街道六十九次シリーズの外に、一勇斎国芳が描いた一連の作品がある。

広重・英泉の中山道シリーズが、宿場町の情景を描いているのに対して、国芳の絵は、各宿場とは直接の関係が無い絵ばかりだ。歌舞伎や戯作の一場面を取り上げて描き、そのタイトルなどをもじって、無理やり宿場名にこじつけたものがほとんどである。一種の判じ絵と言ってよいだろう。

国芳の垂井の絵は、『絵本太閤記』の一場面を描いている。日吉丸（秀吉）が奉公先の子供を井戸の筒にくくりつけて逃げ出す場面である。「樽の井戸」を描いて「垂井」を暗示しているのだ。表題に、「垂井　猿之助」とあるのは、猿に似た日吉丸の呼び名、猿之助から来ている。

ことば遊びと宿場名とを結びつけたもので、国芳の「木曽街道六十九次」に典型的な浮世絵の一枚だ。

一勇斎国芳「木曽街道六十九次之内垂井猿之助」（嘉永５（1852）年頃）、故玩館蔵

このように、国芳は、言葉の綾として、『絵本太閤記』樽の井戸を描いた。ところが、これは彼の意図をこえたものであった。絵が、現実なのだ。その意味で、荒唐無稽な国芳の木曽街道シリーズのなかでは、異色の一枚といえる。

垂井宿では、多くの泉がわいている。垂井の地名もそこに由来する。そして、庭先を少し掘れば、簡単に水がわき、国芳の浮世絵に描かれていた井筒井戸が、どの家にもあったのである。この絵に描かれたよう

垂井の泉

南宮大社石鳥居（寛永19年（1642）建立）

な光景は、垂井宿ではよく見られたものだったのだ。

泉の中でも、一番大きく、有名な泉が、「垂井の泉」である。

中山道垂井宿の中心部、南宮大社石鳥居の所で中山道を南に折れ、鳥居をくぐって南宮大社方面へ150mほど行くと、道路脇に「垂井の泉」がある。

「垂井の泉」は、古くから和歌にも詠まれている。

芭蕉も、ここで名句を残している。

元禄4（1691）年、江戸へ向かう途中、芭蕉は、垂井宿本龍寺住職八世、規外のもとで、冬ごもりをした。その時にこの泉で詠んだ句。

「葱白く 洗いあげたる 寒さかな」

垂井の泉には、かつては、垂井の大ケヤキと呼ばれた巨樹（岐阜県天然記念物）が屹立していて、その根元から水が湧き出していた。残念ながら、老木は朽ちて撤去されたが、泉は変わりなく、豊かな水をわき出し続けて

芭蕉句碑

いる。

また、この先100mほど西方にも、大きな泉がある。西の泉である。

垂井の地には、どうしてこんなに泉が多いのだろうか。

郷土史家、木村進氏の調査によって、数々の泉はこの地方の地形に起因していることがわかった。

この地は、伊吹山系と養老山脈の両裾が合わさる所に位置する。山裾が終わる所が襞状の小さな崖になっていて、それに沿って、点々と泉がわいているのだ。

■垂井宿に残る防火の工夫

このように、垂井には現在、いくつかの泉が湧いているが、江戸時代には、もっと多くの泉があったことだろう。また、当時、それぞれの家には井戸があった。垂井宿は豊富な水で満たされた町だったのだ。

西の泉

本龍寺高札場跡（石碑付近、令和元年４月時点）

この豊かな水は、防火用にも活用されていた。

道の両脇には、水路があり、とうとうと水が流れていた。

本龍寺前、かつての高札場の向かいに、国登録有形文化財小林家がある。

よく見ると、軒先に古い鍵形の金具がズラッと打ってある。

実はこれは、濡れムシロをつるすフックなのだ。

火事になったら、すぐにムシロをこの水路に浸し、濡れたムシロをフックに掛けて、類焼を防いだのだ。

このように火事が頻発した垂井宿ではある言い伝えが残っている。

国登録有形文化財小林家住宅

濡れムシロを掛けるフック

「火事の時には、真っ先に高札場の高札をはずし、泉に浸して守った」

確かに、先に見たように、垂井宿には泉の水が豊富にあり、このような事が行われていたとしても不思議ではない。

しかし、これは、あくまで、言い伝えであり、それを証明する文書などはこれまで見つかってはいない。

■高札場と火事（柳井町と垂井宿）

江戸時代、高札場の多くは、宿場など、家が密集している場所に設置されていた。そのような場所は、人の往来が盛んで高札場に適している一方で、火事が頻発した。そのため、大きな高札場では、火事の際、高札を避難させる担当の人間（御高札守護役）が決まっていたようだ。

岩国藩柳井町（現、山口県柳井市）の大野家文書（文3）をもとに、火事の際の高札と高札場について、みてみよう。

柳井町には、柳井奉行所の脇に巨大な高札場（巾7m、高さ3m）があった。この高札場の管理を、奉行所から命じられたのが大野家である。染物屋を生業とする大野家は、代々、御高札守護役をつとめた。大野家には、当時の貴重な文書が数多く残されており、高札や高札場管理の様子を知ることができる。

御高札守護役の任務は、高札場の管理全般であったが、特に重要なのは、大風、火事などの緊急時に、高札を避難させることであった。

・・・・・右御高札守護役仕候ニ付、平生心得の事、万一出火の節ハ第一遠近を聞き、風なみに気を付、近火は申ニ不及、遠火たり共風なみ悪くして、はげ敷時ハ、本人の儀ハ早束御高札をはずし、御蔵番所へ届け、御蔵の戸まへニ置、夜中成ば此方の挑ちんを燈、気を付候事。依て手伝役えも早束被参候様、手堅く申合置候事也。

「万一出火の場合には、まず、火事が遠いか近いかを感じとり、風波に気をつけ、近火は当然だが遠火であっても、風波が激しい時は、直ちに高札をはずし、御蔵番所へ届けて、御蔵の戸の前に置き、夜中なら提灯をともして、用心すること。手伝い役もすぐに馳せ参じる事ができるように、しっかりと打ち合わせをしておくこと。」

このように、御高札守護役は、どんな火事にも細心の注意をはらい、緊急時には、急いで高札をはずさねばならなかった。巨大な高札場から、16枚もの高札をはずして避難させる作業は、時に、命がけであったろう。夜中は、退避させた高札の傍に提灯を置いて用心をした。「御高札」守護とあるように、高札は大切に扱われたのである。手伝い役もいたらしい。

緊急時の高札場の様子がわかるこの資料は極めて貴重である。

一方、垂井宿には、高札についてある話しが伝えられてきた。

それは、火事の時には、すぐに高札場に駆けつけ、高札をはずして、急いで決められた池に浸し、高札を類焼から守ったという言い伝えである。

しかし、その事を証明するものは今のところ何もない。柳井町のように、御高札守護役の家に残された古文書も見つかっていないのだ。

もし、言い伝えを証明できるものが見つかれば、火災時の高札場や高札と人々との関係を物語る、全国的にも希少な重要資料となるだろう。

■火事にあった高札（高札No.14）

家の密集した町中に設けられた高札場は、しばしば、火事の被害を受け、高札も火にまみれた。

運よく難を逃れた高札、焼失は免れたが火傷を負った物、燃え尽きてしまった高札など、高札は、火災時、様々な運命をたどった。

次の高札（高札No.14）は、私が偶然入手した品である。火事に合い、表面が焼けて炭化が激しく、文字が書かれているかどうかもわからない。しかし、横方向から強力なライトをあてると、風化を免れた墨書きの部分が浮かび上がり、判読することができた。

「何事によら須よろしからさることに、百姓大勢申合せ候をととうととなへ、ととうしてしゐてねかひ事くわたつるをこうそといひ、あるひハ申合村方たちのき候をてうさんと申、前々より御法度に候條、右類の儀これあらハ居村他村にかきら須、早々その筋の役所へ申出べし」

明和7年4月発布の徒党強訴逃散禁止札である。

徒党、強訴、逃散の禁止を定め（恒久法）として命じ、通報（密告）者には褒美を与えると述べている。

慶応4年3月、新政府は、これと同様の高札を、五榜の掲示第二札（高札No.8、10）として出している。

密告の奨励は両高札とも同じだが、明和高札の場合は、後半で、報賞金以外にも様々な特典を提示している。

「右之通下されその品により帯刀苗字も御免阿る遍き間、たとへ一旦同類に成とも発言いたし候ものゝ名まへ申出るにおゐてハ、その科をゆるされ御ほうひ下さる遍し、右類訴人いたすものなく村々騒立候節、村内のものを差押へととうにくわゝらせ須、一人も

さしいたさゞる村方これあらハ、村役人にても百姓にても重にとりしつめ候ものハ、御ほうひ銀下され帯刀苗字御免、さしつゞきしつめ候ものともこれあらハそれそれ御ほうび下しおかる遍き者也」

通報の内容次第では、苗字帯刀が許され、騒ぎに加わった者でも首謀者の名を知らせれば罪が免除となり、村内を鎮め、咎人を出さなかった場合には、百姓であっても功労者には褒美を与え、苗字帯刀を許すなど、手厚い優遇策を用意していたのだ。

江戸中期以降、幕府や諸藩にとって、切支丹よりも、民衆が徒党を組んで事を起こすことの方が厄介だったのだろう。

このように、明和の徒党禁止高札が、火事にあいながらも、200年余の時を経て、蘇ったのである。それにしても、どうしてこのような高札が現在まで残ったか不思議である。

この高札の掲示場所や来歴は不明であるが、品物の出所からして、関東地方の高札場の物らしい。柳井代官所脇の高札場や垂井の高札場のように、人々が火事から、必死の思いで助け出した物に違いない。そして、その後、再利用されることも、処分されることもなく、ずっと保存され、偶然、私の手許に来たのである。

このような高札が、他に現存しているかはわからないが、江戸時代、火事場の高札についての貴重な証人であることは間違いない。

【高札No.14】徒党強訴逃散禁止札（火事にあった高札）

故玩館蔵

定

何事によら須よろしからさることに
百姓大勢申合せ候をととうととなへ
ととうしてしゐてねかひ事くわたつるを
こうそといひあるひハ申合村方
たちのき候をてうさんと申前々より御法度に
候條右類の儀これあらハ居村他村に
かきら須早々その筋の役所へ申出べし
御ほうひとして
　ととうの訴人　銀百枚
　こうその訴人　同断
　てうさんの訴人　同断
右之通下されその品により帯刀苗字も
御免阿る遍き間たとへ一旦同類に成とも
発言いたし候ものゝ名まへ申出るにおゐてハ
その科をゆるされ御ほうひ下さる遍し
右類訴人いたすものなく村々騒立候節
村内のものを差押へととうにくわゝらせ須
一人もさしいたさゞる村方これあらハ
村役人にても百姓にても重にとりしつめ候ものハ
御ほうひ銀下され帯刀苗字御免さしつゞき
しつめ候ものともこれあらハそれぞれ御ほうび
下しおかる遍き者也

明和七年四月　奉行

定

何事によらず、良くない事を企み大勢が申し合わせることを徒党と言い、徒党して、強引に願い事を企てることを強訴という。また、示し合わせて居町居村を脱走することを逃散といい、これらはいずれも厳禁である。右の類のことがあれば、居町居村に限らず、すぐさまその筋の役所に通報せよ。

ご褒美として
　徒党の通報者　銀百枚
　強訴の通報者　同断
　逃散の通報者　同断

右のとおり与える。さらに、通報内容によっては、苗字帯刀も許されるので、たとえ、一度仲間になった者であっても、首謀者の名前を申し出れば、その罪をゆるし、ご褒美を与える。また、右の類の通報をする者がなく、あちこちの村々が騒ぎ立った時でも、村内の者を取り鎮め、徒党に加わらせず、一人も咎人を出さなかった村があるならば、村役人であれ百姓であれ、主になって取り鎮めた者にはご褒美を与え、苗字帯刀も許し、続いて鎮めた者達がいるならば、それぞれにご褒美を与える。

明和七年四月　奉行

■残されていた巨大な宿場絵図

垂井宿の言い伝えを解明する手がかりは、一つの絵図にあった。

垂井宿には、江戸時代後期の詳細な宿場絵図が残されていたのだ。

7mを越える巨大な町絵図である。

この絵図はとても変わっている。各家の持ち主の名と共に、家の部屋割りと広さ（畳数）がすべて記入されているのだ。

誰が、何のためにこんな大きな絵図を作ったのか？地元では、ケンケンがくがくの議論がなされた。

「有栖川宮織仁の娘、登美宮吉子が徳川斉昭のもとへ降嫁する時、一行の宿を確保するために、泊まれる所と広さを調べた」ということで、皆、納得していたようだ。

確かに、公家の娘、登美宮吉子は、天保2年、斉昭に嫁ぐとき、中山道を京都から江戸へ向かった。一行の行

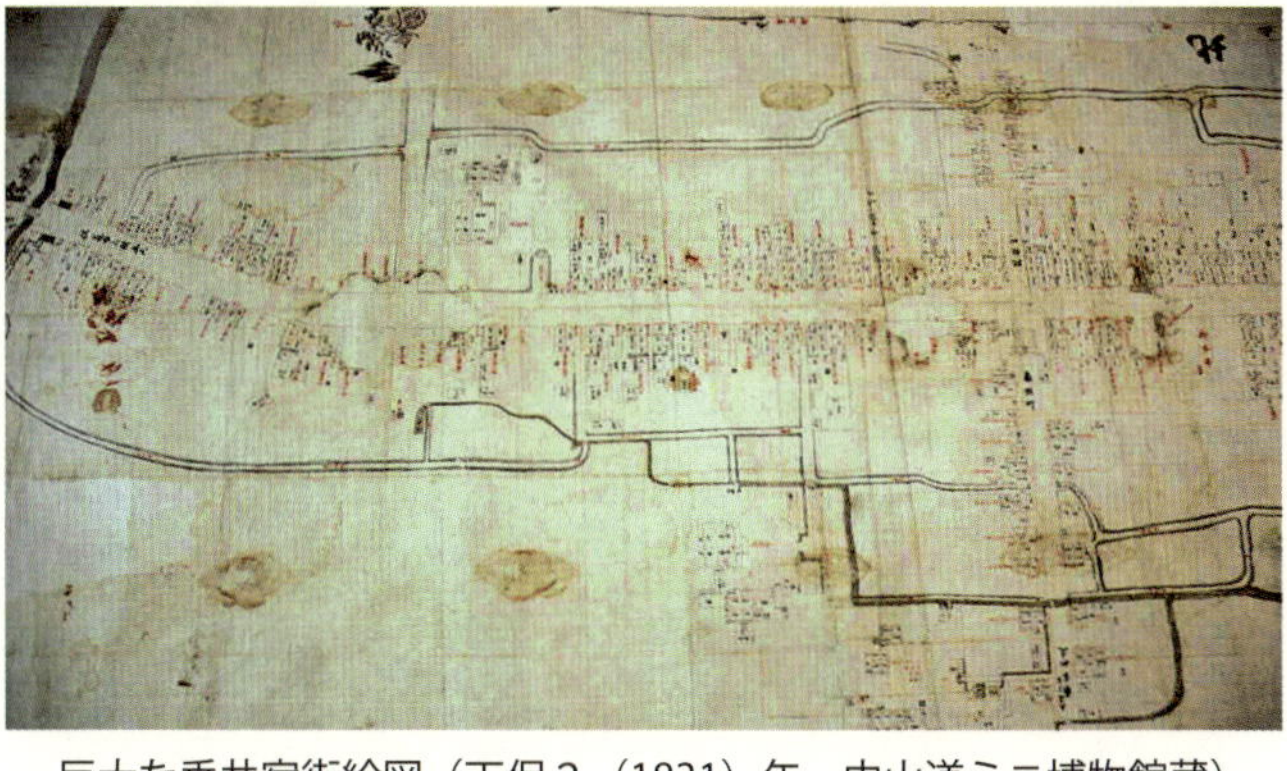

巨大な垂井宿街絵図（天保2（1831）年、中山道ミニ博物館蔵）

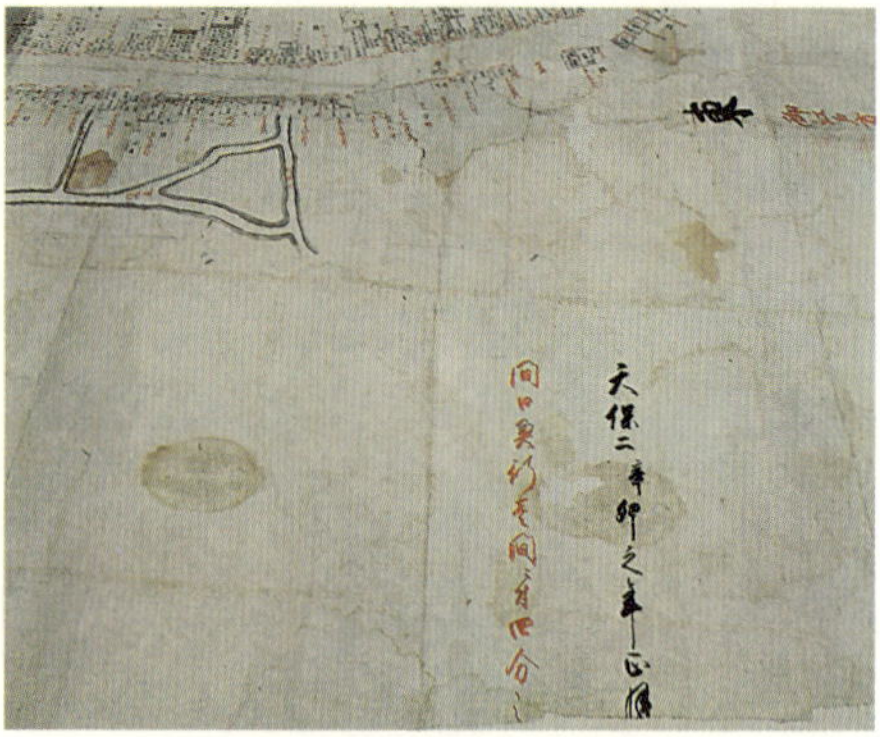

垂井宿街絵図（部分）

列の宿泊だけでも、相当の準備が必要だっただろう。垂井宿街絵図に記された畳数から換算すると、３２００人程の人々が宿をとれたことになる。

ところが、この地図の初めには、「天保二辛卯之年正月」「間口奥行一間ニ付四分之」と墨と朱で大きく書かれている。

降嫁行列の宿泊を検討するために使われた可能性も否定できないが、基本的にはこれは、家並帳（文11）の一種で、宿内軒別畳数書上帳といわれるものであり、家の大きさを調べ、賦課金を課すための台帳なのだ。

家並み帳とは、支配者が領民を掌握するために、村、町単位で戸口調査を行った記録であり、租税や諸役を賦課する基本台帳である。

宿内軒別畳数書上帳は、宿場町を調べた家並帳だが、当時の絵図としても極めて正確なものだ。垂井宿の場合、中山道分限延絵図には記載されていない細道や泉もはっきり描かれていて、当時の様子が詳細にわかる貴重な資料である。

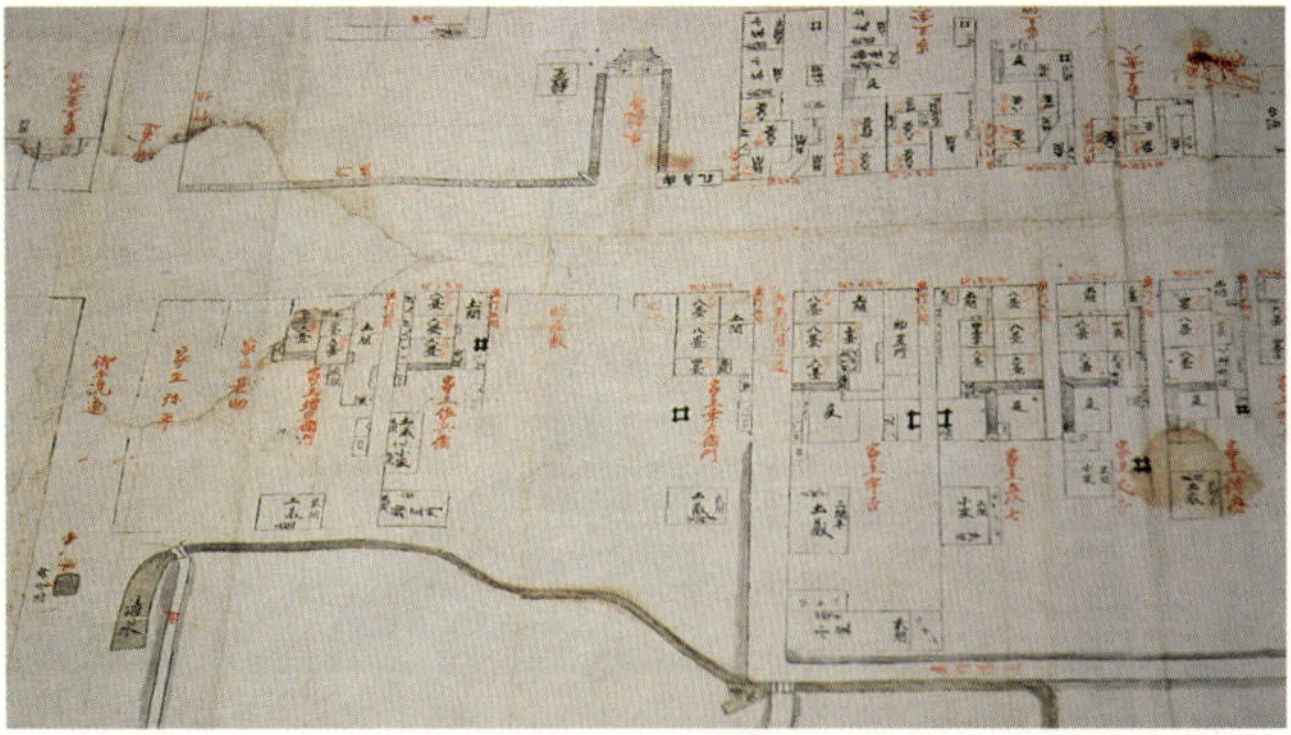

江戸時代の垂井宿街絵図（拡大図）

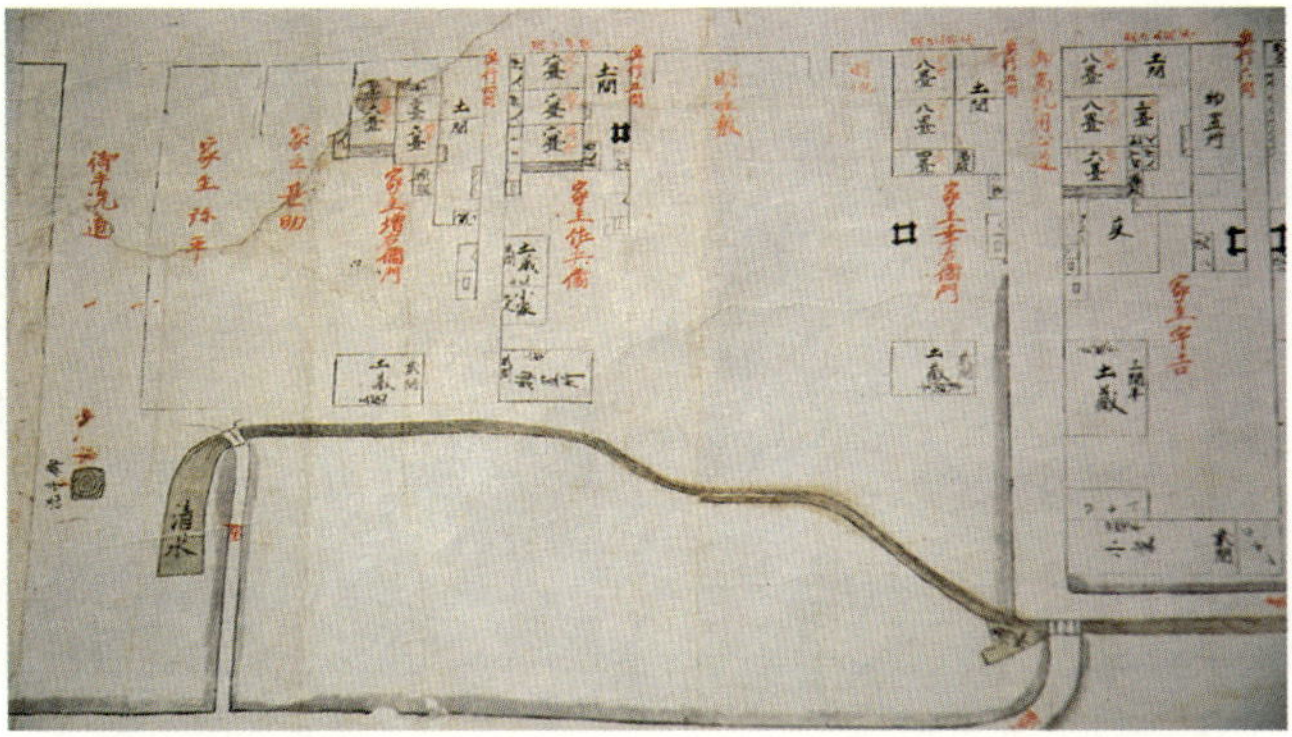

御高札用心道（右上）と高札を浸した池（右下の「清水」）

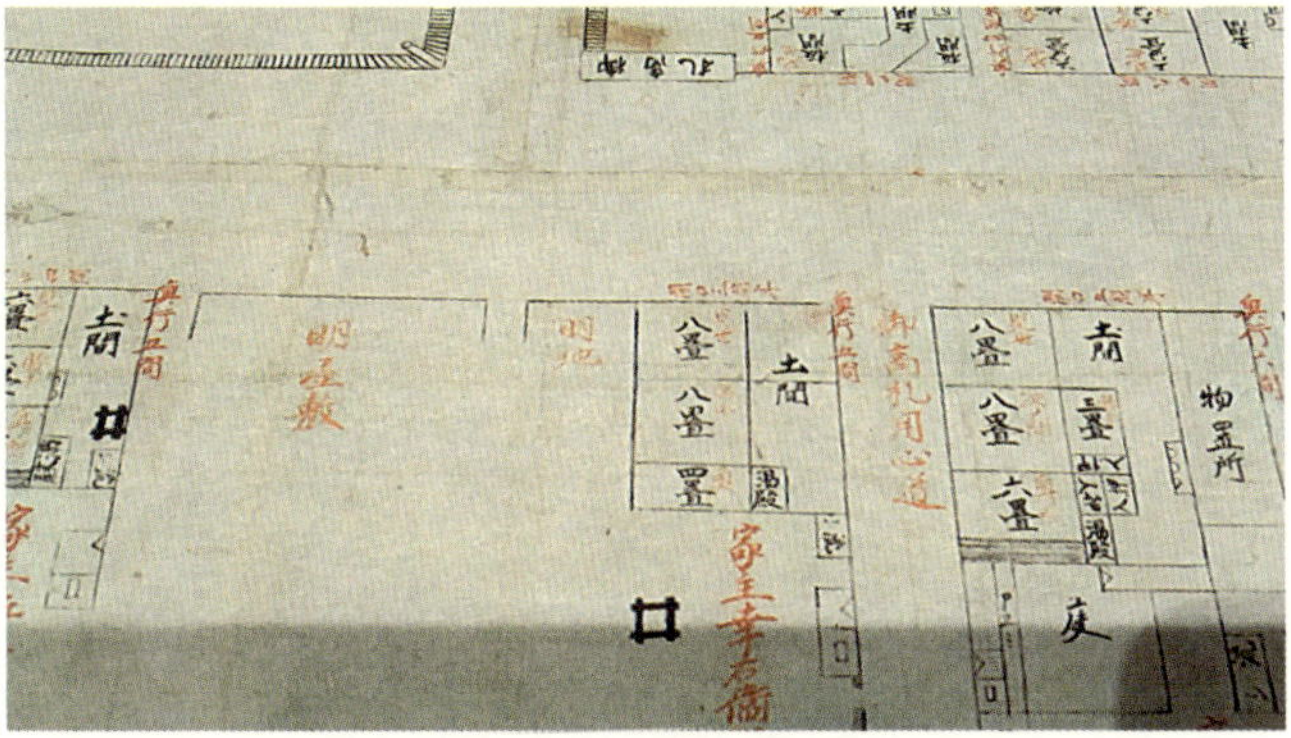

高札場（御高札）と御高札用心道

燃え盛る高札場附近

御高札用心道の入口
（高札場附近から真南）

御高札用心道
（高札を浸した池は竹藪の手前）

高札を浸した池（高札用心池）
（垂井宿絵図では、「清水」と記載）

■ついに発見！御高札用心道

この地図の本龍寺高札場附近を拡大してみる。

道路南側をもっと拡大すると、あっ、あった！ついに、発見！

本龍寺前の高札場の向かい、家並みの狭間に、「御高札用心道」の文字が書かれているのだ。

その道を南へ下った先には、「清水」とある。地元で高札用心池と言われてきた場所だ。

「清水」は、50ｍほど西（上

流）にもう一つある。この泉は大きく、水は水路を流れて、高札用心池に流れ込んでいる。

地元に伝わる言い伝えは、本当だったのだ。

火事になったら、急いで高札をはずし、道路を横切って、御高札道を走って、清水（高札用心池）に浸したのだ。距離にすれば、１００ｍ足らず。全力で運べば、一分もかからないだろう。

本龍寺の向かいの細道は、御高札用心道だったのだ。

垂井宿に残された言い伝えに従って、火事の際の行動をシミュレーションしてみよう。

火の粉が降りそそぐなか、炎に包まれた高札場から、必死で高札をはずし、中山道を横切って向かいの御高札用心道に突入する。

この道を、高札を抱えて全速力で南へ走る。

突き当りの池に到着したら、急いで高札を池の水に浸す。

この高札用心池は、今ではほとんど水が湧いていない。

一方、上流の清水（西の泉）では、今でもコンコンと水が湧いていて、下流の高札用心池に水を供給し続けている。

上流の清水（西の泉）

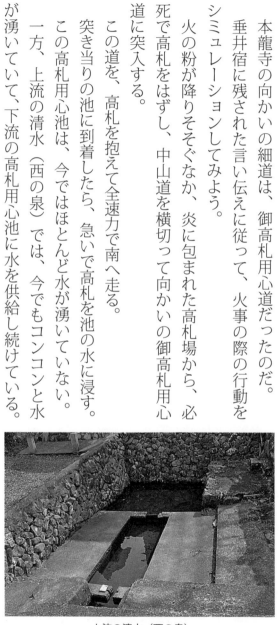

■よみがえった垂井宿の高札場

垂井宿は、宿場の規模が大きく、宿場内外には、名所旧跡があちこちにある。また、多くの文化財も残されている。

さらに、この辺りは、関ケ原合戦の時、東西両陣営の陣地布陣にとって、極めて重要な場所であった。

地元では、このような歴史資産を生かすべく、町を愛する人々が種々の活動を活発に行ってきた。

たとえば、古い町家を改修し、中山道歩きの人々や観光客のために開放してきた。また、空き店舗を改修整備して、各種展示会やイベントに活用し、人々が集える拠点づくりを行ってきた。

観光と町興しを同時に行ってきたのである。

しかし、多くの宿場町がそうであるように、かつての宿場町のにぎわいを取り戻すのは難しいのが現状である。本来、宿場では、ほとんどの家が、何らかの商いを営んでいた。現在、垂井の家並みに大きな変化はないけれども、ここを生業の場にしている人はわずかであり、町の雰囲気は沈んだままである。

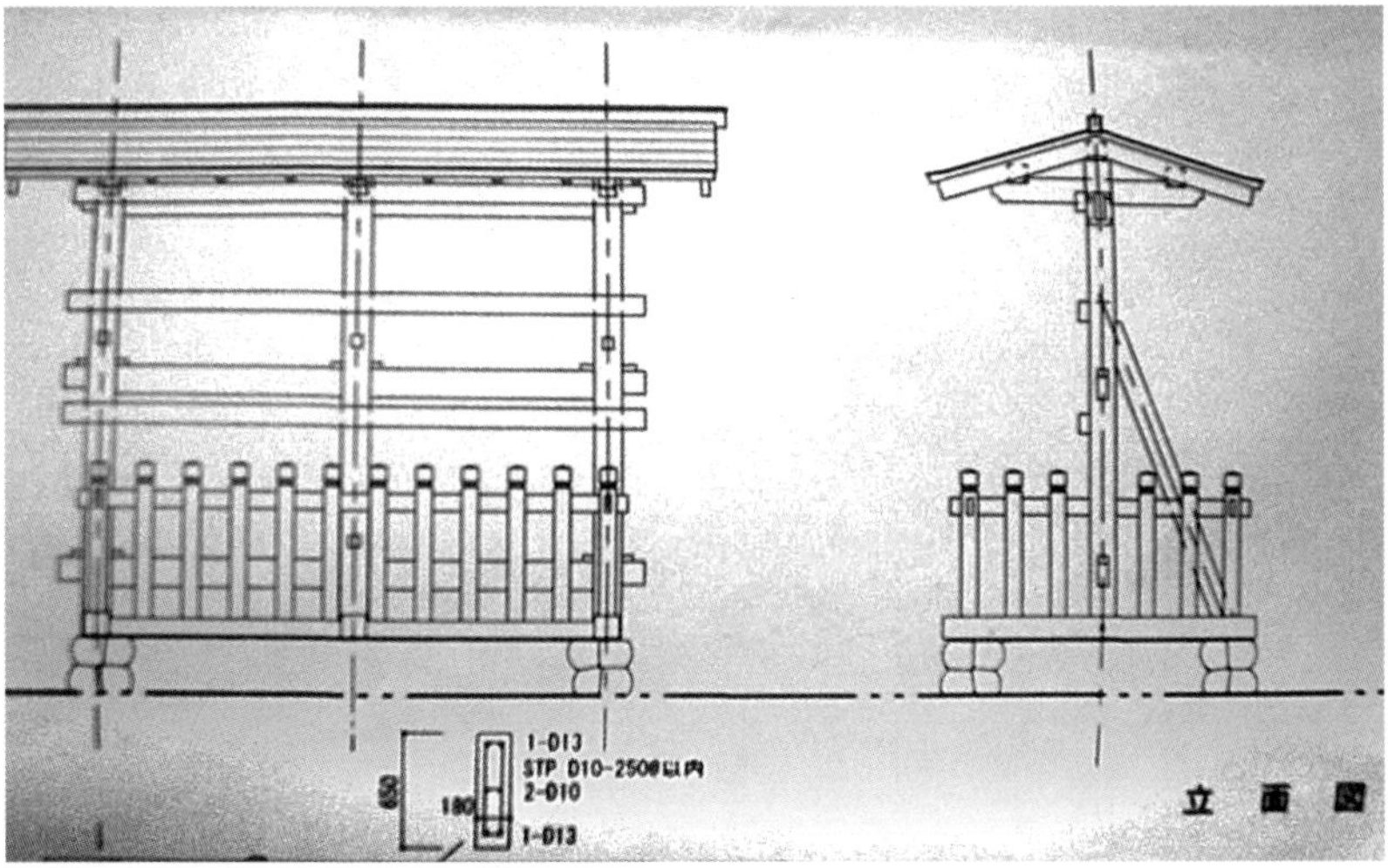

高札場の設計図

垂井宿を愛する人たちは、何とかして、残された歴史文化を現代に生かし、宿場を活性化できないかと考えてきた。

そんな中の一人、木村邦夫さん（垂井の歴史と文化を守る会会長）は、中山道69宿を、起点の日本橋から終点、京都まで歩いてみた。そして、あることに気が付いた。宿場町といっても、宿場の雰囲気を漂わせている所とそうでない所があるのだ。特に、群馬県と長野県の宿場町及び岐阜県東濃の多くが、他に比べ、中山道の趣を色濃く備えていた。そのほとんどは、大規模な開発を免れ、残された遺産を町興しに生かしている所であった。

特に目をひいたのは、復元された高札場である。高札場の有無によって、宿場の雰囲気がまるで違うのだ。高札場は、どの宿場でも町の中心地、一番目立つ所に設置されているからだろう。高札場は、今も昔も、宿場町の顔なのだ。

江戸時代、人々を管理するために設置された高札場ではあったが、その役割は次第に変化した。幕府の当初の目的は、高札によって厳しい決まりを人々に周知させ、遵守させる事であったが、次第に、高札場自体を幕府権威の象徴と考えるようになった。

一方、人々の側も、高札場に対する意識は変わっていった。何十年、何百年間、地元住民が火事や天災から高札を守り、高札場を日常的に管理していくうちに、人々にとって、高札場がそこにあるのが当たり前の風景になっていった。

日常的に高札場と接しているうちに、支配者の思惑を越えて、人々と高札場の関係は近しいものとなっていったのだ。

ところが、明治6年、高札制度は廃止され、不要となった高札場は、次々と取り壊されて、人々から宿場の記憶は薄れていった。

しかし、垂井宿の場合、高札場は撤去されたけれども、高札場から避難させた高札を運ぶための細道（御高札用心道）は、現在も昔のとおり、高札場からまっすぐ南に走っている。そして、避難させた高札を浸すための清水（高札用心池）も残っている。高札避難のための道路と池は、今もそのまま残されているのである。

完成した高札場

これは、全国でも極めて珍しい例だ。

そこで彼らは、高札場と御高札用心道、そして高札用心池をセットにして町興しを行い、垂井宿の活性化を図ろうと考えた。

そのためには、高札場の復元を行わねばならない。かつての高札場は、本龍寺前の中山道（道路）に直面して立っていた。しかし、今、高札場を再建するならば、道路から内側の本龍寺境内に設置せねばならない。本龍寺は、この建設を快諾された。さらに、建設資金は、「垂井宿の歴史と文化を守る会」を中心に、有志により準備され、計画は一気にすすんだ。

令和元年5月、かつての高札場（高さ3・84m、幅4・92m）の約半分の規模（高さ2・90m、幅2・73m）で、高札場の設計がなされ、工事が始まった。そして、9月8日、高札場はついに完成をみたのである。

今後、この高札場は、垂井宿の中心に位置し、垂井宿の顔として、地元の人々や観光客を見守ることになる。そして、高札場と高札用心道、高札用心池は、火災時に、命がけで高札を守った人々が垂井宿にいたことを後世に伝えていくだろう。高札と人々との密接な関係を証言する、全国でも稀有な施設として、垂井宿の貴重な歴史を語り続けるに違いないのだ。

さらに、高札場、御高札用心道、そして高札用心池は、地元の人々の学習、教育の場としても活用が期待されている。

人が住むところには、必ず歴史がある。しかし、その貴重な歴史を、世代から世代へと繋いでいくのはなかなか難しい。今の人々にとって、過去の出来事や様子をイメージすることは困難だからである。ところが、高札場と高札、高札用心道、そして、高札用心池が眼前にあれば、過去の出来事は、人々の脳裏に生き生きとよみがえってくるだろう。

特に、小中高校の郷土学習や成人の生涯学習には、これらは格好の教材となる。

そして、老人、若者、子供たち、この地域に暮らすすべての人々に、地域の歴史と文化が引き継がれ、守られていくことだろう。

このように、再建された高札場、御高札道、高札用心池は、垂井宿とそこで暮らす人々の過去と現在、そして未来を繋いでいくことだろう。

参考文献

文1　『高札―支配と自治の最前線』　大阪人権博物館　1998年
文2　武原万雄「高札研究をめぐる現状と課題」
明治大学博物館研究報告　第12号、123-148　2007年
文3　『御高札守護役　大野家文書』柳井市立柳井図書館　2003年
文4　仙台藩の法律・命令・規則などを集録した触書集
続・法禁、日本技術士会東北支部農業部会HP
文5　宗教制度調査資料、第16輯　文部省文化局　1926年
文6　『岐阜市史　資料編2』昭和53年
文7　若松昭秀、矢ヶ崎隆義「八王子地区における明治初期の高札にみる社会制度」
工学院大学研究報告、第119号、29-36　2015年
文8　『岐阜県の明治維新』岐阜県博物館　2006年
文9　『岐阜市史　通史編　近代』昭和53年
文10　『中山道分限延絵図』東京美術刊（原本、東京国立博物館）昭和57年
文11　早川秋子『近世家並帳の研究』清文堂　2003年

あとがき

垂井宿高札場の復元と相俟って、本誌が上梓されたことは誠に意義深い。

宿願であった垂井宿高札場の復元を決意させたのは、杉原利治氏の蒐集品である高札の展示会であったことは間違いない。

現在ほどメディアが普及していなかった当事、為政者の決めた掟や規範を周知徹底させる有力な手段が、高札であったことを再認識した。高札場は為政者の権威の象徴であったことも垣間見ることができる。

これまで高札の歴史、体裁などをまとめた本はなかった。江戸、明治の高札を写真つきで解説した本書は、高札愛好家だけでなく、郷土の歴史に思いをめぐらす人たちにとって、興味の尽きぬ好書となるであろう。

令和元年九月

垂井宿の歴史と文化を守る会

会長　木村　邦夫

杉原　利治

1947年、岐阜県生。岐阜大学名誉教授、工学博士。京都大学卒、ハーバード大学招聘フェロー。環境情報論。著書『21世紀の情報とライフスタイル』（論創社）、『小さな大国ニュージーランドの教えるもの』（論創社、共著）など。
中山道美江寺宿（岐阜県瑞穂市）にて、ミュージアム故玩館運営。

故玩館の見学（無料）は、完全予約制です。
連絡先 E-mail：chiseichisei@yahoo.co.jp

故玩館展示物（一部）

高札《こうさつ》ものがたり

著　者　杉原　利治
発　行　(資) 垂井日之出印刷所
岐阜県不破郡垂井町綾戸1098-1
TEL0584-22-2140　FAX0584-23-3832
http//t-hinode.co.jp
発行日　令和元年9月8日
印　刷　(資) 垂井日之出印刷所
ISBN978-4-907915-11-7